KB113422

As a Man
Thinketh

옮긴이 주랑은 대학에서 독문학을 전공하고 출판사에서 오래 근무했다. 현재 단행본 편집과 기획 및 번역 일을 하고 있다.

제임스 앨런 성공철학 1
생각의 법칙

초판 1쇄 발행 2021년 3월 15일
초판 3쇄 발행 2024년 1월 3일

지은이 제임스 앨런
옮긴이 주랑
표지디자인 스튜디오 진진

펴낸곳 이상biz
펴낸이 김영미
출판등록 제313-2009-7호(2009년 1월 13일)
주소 10546 경기도 고양시 덕양구 향기로 30, 106-1004
전화번호 02-6082-2562
팩스 02-3144-2562
이메일 klaff@hanmail.net

ISBN 978-89-93690-78-1 (03320)

* 이상biz는 이상북스의 경제경영서 전문 브랜드입니다.
* 책값은 뒤표지에 표기되어 있습니다.
* 파본은 구입하신 서점에서 교환해 드립니다.

As a Man Thinketh | 생각의 법칙

제임스 앨런 | 주랑 옮김

이상비즈

저자 서문

이 책은 나의 오랜 사색과 경험의 산물이다.

설명보다는 암시를 통해 '생각의 법칙'에 대해 함께 되짚어 보자는 제안이다. 가장 명확한 진실은 사람은 자기 자신이 선택하고 품어온 생각대로 된다는 것.

사람의 정신, 곧 마음은 성격이라는 안감과 환경이라는 겉감을 조화시켜 짜낸 결과물인데, 지금까지 무지와 고통 속에서 그것을 짜왔다면 이제는 깨달음과 행복 속에서 짜게 될 것이다.

내가 곧 나의 창조자란 사실을 깨달을 것이다.

제임스 앨런

As a Man Thinketh

차례

생각과 성격

“사람은 자신이 생각하는 그대로 그 자신이 된다”라는 오래된 금언(金言)은 그의 전 존재뿐 아니라 삶의 모든 조건과 상황까지 포괄한다. 말 그대로 사람은 자신의 생각 그 자체이며, 그 생각들이 모여 그의 성격이 된다는 뜻이다.

식물이 씨앗에서 싹을 틔워 자라듯 사람의 행동은 생각이라는 보이지 않는 씨앗에서 시작된다. 의도적인 행동뿐 아니라 무의식적이고 우발적인 행동 역시 생각이라는 씨앗에서 비롯된 것이다.

행동은 생각의 꽃이며, 기쁨과 고통은 그 열매다. 그러므로 자신의 생각을 어떻게 경작하느냐에 따라 달콤한 열매를 맛볼 수도 있고 쓰디쓴 과일을 수확할 수도 있다.

그대 마음에 품은 생각들이 모여 그대를 만들었다.
지금 그대의 모습은 그대 생각이 빚어놓은 것.
마음에 사악한 생각만 가득하다면,
달구지가 소 뒤를 따르듯 고통이 그대를 따르리라.
맑고 순결한 마음을 지켜낸다면,
항상 그대를 따르는 그림자처럼
기쁨만이 그대를 따를 것이다.

인간은 자연의 법칙에 따라 태어나고 성장하는 존재이지 기교로 만들어낸 창조물이 아니다. 그러므로 눈에 보이는 물질세계에서처럼 인간의 생각 영역에서도 원인과 결과는 절대적이며 어긋나지 않는다.

고귀한 성격은 은총이나 우연한 기회를 통해 얻은 결과가 아니라 옳은 생각을 견지하기 위해 꾸준히 노력해온 자연스러운 결과다. 마찬가지로 천박하고 비굴한 성격은 오랜 시간 비열한 생각을 품어온 끝에 나타난다.

내 운명의 주인은 바로 나

사람을 성공하게 하거나 파멸시키는 것은 다름 아닌 자기 자신이다. 사람은 생각이라는 무기고에서 자신을 파괴할 무기를 만들기도 하고 기쁨과 활력 넘치는 평화로운 집을 지을 도구를 만들기도 한다.

인간은 올바른 생각을 선택해 참되게 행함으로써 신과 같은 경지에 다다를 수도 있고, 함부로 생각하고 경솔하게 행동함으로써 짐승보다 못한 수준으로 떨어지기도 한다. 이 양 극단 사이에 인격의 모든 등급이 있다. 그 인격을 창조하고 소유하는 것은 바로 자기 자신이다.

영혼에 대한 아름다운 진실 가운데 무엇보다 기쁘고

좋은 소식은 "사람은 자기 생각의 주인이고 성격의 주체이며, 삶의 조건과 환경, 운명을 만들어나가는 존재"라는 것이다. 그것은 신의 약속이자 믿음이다.

사람은 힘과 지성과 사랑을 가진 존재이며, 무엇보다 자기 생각의 주인이다. 그러므로 모든 상황에 대처할 열쇠를 가졌다. 사람은 자신의 의지대로 자신을 변화시키고 개선할 능력을 지니고 있다.

낙담해 한없이 마음이 약해졌을 때조차 사람은 자기 자신의 주인이다. 하지만 나약함과 황폐함 속에서 헤맨다면 그는 집안을 잘못 다스리는 어리석은 주인이다. 자신의 상태를 돌아보고 자기 존재의 기반이 되는 원칙을 열심히 찾기 시작할 때 비로소 그는 지혜로운 주인이 된다. 지혜로운 주인은 자신의 에너지를 효율적으로 관리하며, 자신의 생각을 의미 있는 목적으로 연결한다.

이런 사람이 '의식 있는' 주인이며, 자기 내면에 존재하는 생각의 법칙을 발견해야만 그런 주인이 될 수 있다.

그러기 위해서는 먼저 자기 생각을 실천하고, 자신을 돌아보며 많은 경험을 해야 한다.

구하라, 찾을 것이다

황금과 다이아몬드를 얻기 위해 그것을 끝없이 찾아 헤매고 땀흘려 곡괭이질해야 하듯, 자신의 존재와 연관된 모든 진실을 찾기 위해서는 영혼의 광산을 깊이 파고들어야 한다.

사람은 스스로 자신의 성격을 만들고 삶의 틀을 짜고 운명을 개척하는 존재다. 이는 자신의 생각이 삶과 환경에 미치는 영향을 자세히 살펴보면 알 수 있다. 이것은 일상 속에서 끊임없이 원인과 결과를 연결해보고, 가장 사소한 사건에서도 자신의 모든 경험을 활용해 연구하면 증명할 수 있다.

바로 이런 맥락에서 "구하면 찾을 것이고, 두드리면 열릴 것이다"라는 법칙은 절대적이다. 인내와 실천, 끊임없는 항상성을 통해 사람은 그 지혜의 사원에 들어설 수 있다.

생각이 상황에 미치는 영향

사람의 마음은 정원과도 같아서 지혜롭게 잘 가꿀 수도 있고 야생의 상태로 방치해둘 수도 있다. 하지만 가꾸거나 방치하거나 상관없이 씨앗은 자란다. 제대로 씨를 뿌리지 않으면 바람에 날려온 잡초 씨만 무성하게 자랄 것이다.

정원사가 잡초를 뽑아버리고 자신이 원하는 꽃과 과일을 심는 것처럼, 사람도 자기 마음에서 어리석고 거짓된 생각을 몰아내고 유익하고 순수한 생각의 꽃과 과일이 피어나도록 올바른 방향으로 키워가야 한다.

이런 과정 가운데 사람은 자신이 자기 영혼의 정원사

이자 삶의 책임자임을 발견한다. 그러다 보면 자기 내면의 생각의 법칙을 알게 되고, 생각의 힘과 마음이 자신의 성격은 물론 상황과 운명을 어떻게 형성해가는지 이해하게 된다.

생각과 성격은 하나다.

성격이 환경과 상황을 통해 더 명확해지고 스스로를 드러내는 것처럼, 삶의 외부 조건은 언제나 개인의 내면 상태와 조화롭게 연계되어 있음을 알 수 있다.

그러나 어떤 특정한 상황이 그 사람의 성격 전체를 나타내는 건 아니다. 다만 그의 상황은 그의 내면의 생각과 아주 밀접한 관계가 있으므로 그가 발전해나가는 데 반드시 필요할 뿐이다.

나의 생각이 나를 만든다.

모든 사람이 존재의 법칙에 따라 지금 그 자리에 있는 것이다. 그의 성격 안에 품었던 생각들이 그를 그곳으로 이끌었다. 삶에 우연이란 요소는 없다.

이것은 잘못될 리 없는 자연법칙의 결과다. 스스로 만족하는 사람은 물론 자신의 처지에 불만을 느끼는 사람에게 모두 똑같이 적용되는 진리다.

환경은 생각의 산물이다

발전하고 진화하는 존재로서 사람은 자신이 있는 곳에서 성장하고 배울 수 있다. 그는 어떤 환경에서든 그 환경이 선사하는 정신적 교훈을 통해 또 다른 환경으로 나아간다.

자신이 외부 환경의 결과물이라고 생각하는 한, 그는 환경으로부터 고통밖에 받을 것이 없다. 하지만 자신의 창조력을 인식하고 어떤 상황도 자신의 생각에서 자란 씨앗에 의한 것임을 알고 나면, 이제 그 숨겨진 씨앗에게 명령할 수 있게 된다. 그러면 그는 자신을 올바르게 이끌 수 있는 진정한 자기 삶의 주인이 된다.

자신을 절제하고 정화하는 노력으로 성장해나가는 모든 사람들이 외부의 상황 변화가 자신의 생각에서 비롯되었음을 안다. 자신의 변화된 정신 상태에 따라 상황도 정확히 비례해 변한다는 사실을 깨달았기 때문이다. 그러므로 누구든 진지하게 자신의 성격적 결함을 고치기 위해 노력하고 변화할 때 자신의 환경 또한 빠르게 변화시킬 수 있다.

영혼은 은밀하게 품고 있는 것을 끌어당긴다. 사랑하는 것과 두려워하는 것까지. 가슴에 품어온 원대한 목표에 도달하기도 하고, 절제하지 못한 욕망의 나락으로 떨어지기도 한다. 환경은 영혼이 자신을 받아들이는 수단이다.

마음밭에 생각의 씨가 뿌려져 뿌리를 내리고, 머지않아 행동이라는 꽃이 만발하고, 마침내 생각대로 무엇이든 할 수 있는 기회와 환경이라는 열매를 맺는다. 좋은 생각은 좋은 열매를 맺을 것이고, 나쁜 생각은 나쁜 열매를 맺을 것이다.

환경이라는 외부 세계는 생각이라는 내면 세계에 맞추어 만들어지고, 그것이 쾌적하든 불쾌하든 외부 환경은 결국 개인의 궁극적인 선을 만드는 요소가 된다. 사람은 자신이 뿌린 대로 거두며 고통 속에서 혹은 축복 속에서 교훈을 얻는다.

보잘것없는 한 줌의 불순한 욕망을 추구하든, 꾸준한 노력으로 고매한 목표를 향해 나아가든, 사람은 자신을 지배하는 가장 깊은 욕구와 열망, 생각을 따르며 외부 환경 속에서 열매를 맺고 성취한다.

사람을 속박할 수 있는 것은 자기 자신뿐이다

사람이 타락하거나 감옥에 가는 것은 운명이나 환경의 횡포 때문이 아니라 비굴한 생각과 비천한 욕망에 굴복하기 때문이다. 마음이 맑은 사람이 단지 외부의 상황 때문에 갑자기 범죄자가 되지는 않는다. 범죄에 대한 생각은 오랫동안 은밀히 마음속에서 자라고 있다가 기회가 오면 그 힘을 밖으로 드러낸다.

환경이 사람을 만들지 않는다.

그저 환경은 사람에게 그 자신을 보여줄 뿐이다. 사악한 마음을 품지 않았는데 불행에 떨어지거나 도덕적 열망으로 꾸준히 노력하지 않으면서 미덕과 순수한 행복에 다다르는 일은 없다. 사람은 생각의 주인이며 지배자이기 때문에 스스로 자신을 창조하고 환경을 만들어나갈 수 있다.

사람의 영혼은 자신을 드러내는 상황과 환경을 끌어당긴다. 심지어 출생의 순간에도 그렇고 살면서 선택을 하는 모든 순간에 그렇다. 사람은 이 땅에서 살아가는 모든 과정과 단계들 속에서 자기 영혼의 순결함과 불순함, 강인함과 나약함을 드러낸다.

사람은 자신이 원하는 것을 끌어당기는 것이 아니라 본 모습과 같은 것들을 끌어당긴다. 변덕이나 환상, 야망

따위는 살아가는 동안 좌절되지만, 마음속의 생각과 열망은 자신을 자양분 삼아 자라나 깨끗해지거나 더러워진다.

사람을 완결하는 신성은 우리 자신에게 있으며 그것이 바로 우리 자신이다. 사람을 속박할 수 있는 것은 자기 자신뿐이다. 생각과 행동이 비천하면 영혼을 가두는 운명의 교도관이 되고, 고귀하다면 영혼을 해방하는 자유의 천사가 된다.

사람은 자신이 바라는 것을 얻는 것이 아니라 정당하게 받을 만한 것을 얻는 것이다. 그의 소망과 기도는 생각과 행동이 조화를 이룰 때 비로소 응답받고 이루어진다.

그렇다면 '환경에 맞서 싸운다'는 말은 어떤 의미일까? 그것은 마음에 그러한 환경이 생겨날 원인은 그대로 두고 겉으로 드러난 결과에 대해서만 맞서 싸우는 것이다. 그 원인은 의식적인 악함 또는 무의식적인 나약함일 수 있는데, 그것이 무엇이든 그것은 당사자의 노력을 짓누르고 그저 큰 소리로 환경을 개선하자고 외칠 뿐이다.

먼저 자신을 개선하라

사람들은 상황을 개선하고 싶어 하면서도 자신을 개선하기 위해 내키지 않는 일을 하려고 하지는 않는다. 그래서 그들은 그 자리에 머물러 있는 것이다.

자기희생을 두려워하지 않는 사람은 마음에 품은 목적을 반드시 달성한다. 이것은 정신적인 일과 물질적인 일 모두에 적용된다. 부를 축적하는 것이 유일한 목적인 사람일지라도, 그가 그것을 이루기 위해서는 엄청난 자기희생이 필요하다. 하물며 더 강하고 안정된 삶을 원하는 사람이라면 얼마나 더 큰 희생이 필요하겠는가.

여기에 비참할 만큼 가난한 사람이 있다. 그는 불우한 환경과 형편이 좀 더 나아지기를 바라지만 자기 일에서는 항상 게으르다. 그는 고용주가 적절한 임금을 주지 않기 때문에 자신이 고용주를 속이며 적당히 일하는 것이 잘못되었다고 생각하지 않는다.

이런 사람은 진정한 성공의 길로 가는 가장 단순한 기본 원리도 이해하지 못한 것이다. 나태하고 비겁하며 정직하지 못한 생각을 키우고 그런 방식으로 행동하는 사람은 결코 자신의 불행으로부터 벗어나지 못한다. 그는 여전히 가난을 자초하고 있다.

여기 탐욕스러운 식욕을 주체하지 못해 생긴 질병에 오랫동안 시달리는 부자가 있다. 그는 병을 없애기 위해서라면 기꺼이 많은 돈을 쓸 생각이 있지만, 자신의 탐욕적인 식욕을 제어할 생각은 하지 않는다. 그는 기름기 많고 몸에 좋지 않은 음식을 끊임없이 포식하면서 건강하기를 바란다. 그는 건강한 생활의 가장 기본적인 원칙을 깨닫지 못했기 때문에 결코 건강을 얻을 수 없다.

여기 노동자를 고용한 사람이 있다. 그는 규정된 임금을 지급하지 않으려고 온갖 술수를 찾고 더 큰 이익을 얻기 위해 끊임없이 임금을 줄일 방안을 모색한다. 이런 사람은 대체로 성공하기가 어렵다.

그리고 이런 사람은 파산하여 재물과 명성을 잃어버리면 환경을 탓한다. 자신을 그런 상태로 인도한 사람이 바로 자기 자신이라는 것을 알지 못한다.

이 세 가지 경우 모두 의식하지 못했지만 잘못된 결과를 부른 원인 제공자는 바로 자기 자신이었음을 생생하게 보여준다. 좋은 목표를 세우고도 목표와 맞지 않는 생각과 욕망을 품음으로써 결코 목표를 달성하지 못하는 사람들이다.

우리의 마음과 삶에서 생각의 법칙이 어떻게 작용하는지 잘 분석해 보면, 실상 외부 요인은 우리가 처한 환경의 원인이 될 수 없음을 알 수 있다.

선에서 악이 나올 수 없다

사실 상황은 너무 복잡하고 생각은 뿌리를 깊이 내리

고 있으며 행복의 조건은 다양하고 사람마다 다르다. 따라서 드러난 삶의 모습만 보고 그 사람의 영혼 상태 전체를 판단할 수는 없다. 정직한 이가 가난하기도 하고 부정을 저지르면서 부유한 이도 있을 수 있다.

하지만 정직한 사람은 정직함 때문에 실패했고 부정을 저지른 사람은 그의 부정직함 때문에 부유하게 되었다는 말은 단순하고 표피적인 결론이다. 그것은 보통 부정직한 사람은 거의 완전히 타락한 자이고 정직한 사람은 전적으로 도덕적인 사람이라는 전제 아래 내려진 판단이다.

그러나 깊은 지식과 폭넓은 경험에 비추어 보면 그러한 판단이 잘못된 것임을 알 수 있다. 부정직한 사람이 오히려 다른 사람이 소유하지 않은 몇 가지 훌륭한 장점을 가졌을 수 있고, 정직한 사람이 오히려 못된 마음과 악을 품고 있을 수도 있다.

정직한 사람은 자신의 정직한 생각과 행동으로 좋은

결과를 거둬들이는 한편 자신의 남모를 사악함이 낳은 고통 또한 감당해야 한다. 부정직한 사람 역시 자신의 고통과 행복을 스스로 만들어낸다.

자신의 미덕 때문에 고통을 받는다는 생각이 인간의 허영심을 채워줄 수도 있다. 그러나 사람은 자신의 마음에서 역겹고 불순한 생각을 모두 제거하고 그 영혼에 새겨진 죄의 얼룩을 씻어버려야만 비로소 자신의 고통이 악이 아닌 선함 때문이라고 선언할 수 있다.

완벽한 경지에 이르기까지 비록 먼 길이지만 그곳을 향해 가다 보면 자신의 마음과 삶에 작용하는 위대한 법칙을 알 수 있다. 이 법칙은 절대적이어서 선을 악으로, 악을 선으로 갚을 수 없다.

이러한 지식을 터득하면 비로소 깨닫게 된다. 지난날의 무지하고 분별없는 삶을 돌아보며 인생에 항상 공평한 질서가 작용했음을. 좋든 나쁘든 과거의 경험 모두가 점점 진화하는 가운데 아직 완전히 진화되지 않은 자아가 공정하게 해온 일이었음을.

좋은 생각이 좋은 결과를 만든다

좋은 생각과 행동이 나쁜 결과를 만들지 않는다.
나쁜 생각과 행동에서 좋은 결과를 얻을 수 없다.

콩 심은 데 콩 나고 팥 심은 데 팥 난다. 사람은 이 법칙을 자연에서 이해하고 거기에 맞추어 일한다. 그러나 정의와 윤리 면에서는 이 법칙을 잘 이해하지 못하고 그에 따르지 않는다.

고통은 어떤 면에서 잘못된 생각을 한 당연한 결과다. 고통은 자기 자신, 그리고 자신의 존재의 법칙과 조화를 이루지 못했다는 표시다. 고통을 효율적으로 다루는 단 하나의 방법은 쓸모없고 불순한 모든 것을 태워 정화시키는 것이다.

순결한 사람에게는 고통이 사라진다. 불순물이 완전히 제거된 황금을 더 이상 녹이지 않아도 되듯 완벽하고 순수하게 깨달은 존재에게는 고통이 있을 수 없다.

고통스러운 상황은 정신의 부조화가 만들어낸 결과이며, 축복받은 환경은 정신의 조화가 이루어졌을 때 나타난다. 축복은 물질의 소유에 있는 것이 아니며, 바른 생각을 했다는 증표다. 불행은 물질의 궁핍이 아니라 나쁜 생각으로 인한 대가다. 저주받은 사람이 부유한 경우도 있고, 축복받은 사람이 가난할 수도 있다. 재물이 바르고 현명하게 사용되는 경우에만 축복과 재물이 하나로 결합된다. 가난한 사람이 자신의 처지를 부당하게 부과된 부담으로 여길 때 그는 오직 불행의 나락으로 떨어질 뿐이다.

결핍과 과잉은 불행의 두 극단이다. 두 가지 모두 자연 이치에 어긋난 것이며 정신적 무질서에서 나온 결과다.

사람은 그가 행복하고 건강하며 풍요로운 존재가 될 때까지는 올바른 상태에 이른 것이 아니다. 행복과 건강,

풍요로움은 주변 환경과 사람이, 사람의 내면 세계와 외부 세계가 조화로운 조정을 이룬 결과다.

내면의 힘을 찾아라

불평과 원망을 멈추고 자신의 삶을 통제하는 숨겨진 정의를 찾아나갈 때 비로소 사람다운 사람이 된다. 자신의 삶을 조절하는 요인에 대해 진지하게 성찰하다 보면, 현재 처지에 이르게 된 원인을 더 이상 다른 사람에게서 찾지 않고 자기 내면에 좀 더 강하고 숭고한 생각을 쌓게 된다. 이제 환경에 맞서지 않으며 오히려 환경을 자신의 발전에 도움이 되는 수단으로 사용한다. 또한 자신 안에 숨겨진 힘과 가능성을 발견하는 수단으로 환경을 이용한다.

우주의 지배 원리는 혼란이 아니라 법칙이다. 불의가 아닌 정의가 영혼과 삶의 본질이다. 그리고 인간의 정신

세계를 강력하게 다스리는 힘은 부정이 아닌 올바름이다.

그러므로 우주가 정의롭고 올바르다는 것을 깨닫게 되면 사람도 자기 자신을 바르게 세울 수밖에 없다. 자신을 바로 세우는 과정에서 세상과 다른 사람에 대한 생각이 바뀌고, 결국 세상과 다른 사람들도 나를 달리 생각하게 된다는 사실을 깨달을 것이다.

이 진리의 증거는 모든 사람에게 나타나며, 체계적인 반성과 자기 분석으로 쉽게 알 수 있다. 근본적으로 자신의 생각을 변화시켜보라. 그에 따라 자신을 둘러싼 물질적 조건도 파격적으로 바뀌는 데에 놀랄 것이다.

부정적인 생각의 힘

사람의 생각은 비밀스럽게 유지될 것 같지만 결코 그럴 수가 없다. 생각은 습관으로 구체화되고, 습관은 상황으로 고착된다.

+ 천박한 생각은 음주와 방탕한 습관으로 나타나며, 결국 빈곤과 결핍과 질병으로 이어진다.

+ 여러 가지 불순한 생각은 무력하고 무질서한 습관이 되어 결국 혼란하고 불행한 환경을 초래한다.

+ 두려움과 의심, 그리고 우유부단함은 나약하고 비겁하고 결단력 없는 습관으로 나타나고, 이것은 실패와 빈곤, 그리고 의존적인 환경을 만든다.

+ 게으른 생각은 불결하고 정직하지 못한 습관으로 구체화되어 비천하고 빈곤한 상황을 낳는다.

+ 증오와 저주로 가득 찬 생각은 습관적인 비난과 폭력으로 나타나 상처를 남기고 남을 해치는 환경을 만든다.

+ 모든 종류의 이기적인 생각은 자기중심적인 습관으로

나타나 결국 비참한 상황으로 굳어진다.

긍정적인 생각의 힘

모든 종류의 아름다운 생각은 품위 있고 친절한 습관으로 구체화되어 다정하고 밝은 상황을 만든다.

+ 순결한 생각은 절제와 자기통제로 이어져 안정되고 평화로운 상황으로 이끈다.

+ 용기와 자신감, 결단력 있는 생각은 용감하고 당당한 태도로 이끌어 성공과 풍요로움, 그리고 자유를 누리게 한다.

+ 활력 있는 생각은 청결함과 부지런함으로 이어져 쾌적하고 평화로운 상황을 끌어낸다.

+ 온유하고 너그러운 생각은 친절하고 예의 바른 습관이 되어 자신을 보호해주는 환경을 만든다.

+ 사랑이 넘치고 타인을 배려하는 마음은 자기를 희생하는 습관으로 구체화되어 확실하고 지속적인 번영과 진정한 부를 누리게 한다.

세상은 자신의 마음을 비춰주는 만화경이다

좋은 생각이든 나쁜 생각이든 어떤 생각을 계속하게 되면, 그것이 성격과 환경에 영향을 끼칠 수밖에 없다. 사람이 자신의 환경을 선택할 수는 없지만 자신의 생각을 선택함으로써 간접적이지만 확실하게 자신이 원하는 환경을 만들 수 있다.

자연의 섭리는 사람이 가장 많이 하는 생각이 충족되도록 도와준다. 그것이 선한 생각이든 악한 생각이든 속히 현실로 이루어지도록 기회를 준다.

사악한 생각을 당장 중단하라! 그러면 온 세계가 너그럽고 따듯한 시선으로 당신을 바라보며 도울 채비를 할 것이다.

나약하고 병약한 생각을 떨쳐버리라! 당신의 굳은 결심을 도와줄 여러 기회가 나타날 것이다.

선한 생각을 더욱 키워나가라! 그 어떤 역경도 당신을 비참하고 수치스럽게 만들지 못할 것이다.

이 세상은 자신의 마음을 비춰주는 만화경 같아서, 순간순간 다르게 나타나는 다양한 색의 조합은 바로 당신의 변화무쌍한 생각을 그대로 보여주는 정교한 그림들이다.

당신은 당신이 원하는 모습대로 될 것이다.
실패자는 '환경'이라는 가여운 세계에서

실패의 원인을 찾는다.
그러나 정신은 그것을 경멸하며 환경에서 자유로워지리니.

정신은 시간을 지배하고 공간을 정복한다.
정신은 자랑을 일삼는 사기꾼인 운(기회)을 몰아내고
폭군 같은 환경에 명령한다.
왕관을 내놓고 하인의 자리로 가라 한다.

보이지 않는 힘이요,
끊임없이 솟아오르는 불멸의 영혼인
인간의 의지는
어떤 거대한 장벽도 무너뜨리고
목표를 향해 나아간다.

늦었다고 조급해하지 마라.
깨달음을 얻은 자로서 기다리라.
정신이 깨어 일어나 명령할 때를.
신들은 복종하리니.

생각이 우리 몸에 미치는 영향

우리의 몸은 생각의 종이다. 의도적이든 아니든 우리의 몸은 생각이 하는 대로 끌려간다. 나쁜 생각을 하면 질병으로 급속히 쇠약해지고, 기쁘고 아름다운 생각을 하면 젊음과 아름다움의 옷을 입는다.

환경과 마찬가지로 질병과 건강 상태 역시 우리 생각에 뿌리를 두고 있다. 병든 생각은 병든 육체로 나타난다. 두려움은 총알처럼 빠르게 사람을 죽음에 이르게 할 수 있다. 두려움은 수많은 사람들을 죽음에 이르게 한다.

질병을 두려워하는 사람은 병에 걸리기 쉽다. 두려움은 빠른 속도로 우리 몸의 기운을 떨어뜨려 마침내 질병의 먹이가 되게 한다. 불순한 생각은 그것을 실제로 행하지 않더라도 우리의 신경계를 손상시킨다.

강하고 순수하고 행복한 생각은 육체를 활력 있고 우아하게 만든다. 육체는 섬세하고 유연하여 떠오르는 생각에 민감하게 반응하고, 좋은 것이든 나쁜 것이든 습관처럼 품고 있는 생각은 그 영향이 그대로 육체에 나타난다.

부정한 생각을 오래 품고 있으면 불순하고 오염된 피를 갖게 된다. 깨끗한 생각을 가져야 깨끗한 삶과 육체를 유지할 수 있다. 더럽혀진 마음은 더럽혀진 삶과 병든 몸으로 이어진다. 생각은 우리 행동과 삶, 그리고 드러나는 겉모습의 원천이다. 따라서 생각을 바르게 하면 모든 것이 순수해진다.

먼저 생각을 바꾸지 않으면 식생활의 변화가 건강에 별다른 도움을 주지 않는다. 생각을 순수하게 하면, 더 이상 불결한 음식을 욕망하지 않게 된다.

깨끗한 생각은 깨끗한 습관을 만든다. 성자라고 하는 사람이라도 자신의 몸을 정결하게 하지 않으면, 그는 성자가 아니다. 자신의 생각을 단련하고 정화시키는 사람은 악성 세균을 걱정할 필요가 없다.

마음이 건강을 결정한다

완벽한 육체를 원한다면 마음을 잘 다스려야 한다. 육체를 새롭게 하고 싶으면 마음을 아름답게 가꿔야 한다. 악의와 질투, 실망, 낙담하는 마음은 건강과 품위를 앗아간다.

나쁜 인상은 우연히 그렇게 된 것이 아니다. 나쁜 생각을 품고 있어 나쁜 인상이 만들어진 것이다. 보기 싫은 주름은 어리석음과 탐욕, 그리고 자만심 때문에 생긴 것이다.

나는 소녀처럼 맑고 밝은 얼굴을 한 아흔여섯 살의 여자를 알고 있다. 그런가 하면 아직 중년도 안 되었는데 얼굴 가득 보기 흉한 주름살이 들어찬 남자도 안다. 앞의 여인은 부드럽고 맑은 마음의 결과이며, 뒤의 남자는 걱정과 불만 가득한 마음의 결과다.

맑은 공기와 햇빛이 잘 들어야 쾌적한 집이 될 수 있듯이, 즐겁고 선한 마음을 받아들여야 건강한 몸과 온화한 표정을 얻을 수 있다.

나이 든 사람의 얼굴에는 주름이 있다. 건강하고 순수한 생각이 만들어낸 주름이 있는가 하면, 탐욕에 휘둘려 생긴 주름도 있다. 그 차이를 구별하지 못할 사람이 어디 있겠는가? 올바르게 살아온 사람은 저물어가는 태양처럼 진정 평화롭고 온화하게 늙는다.

나는 최근 한 철학자의 임종을 지켜보았다. 그에게는 나이 외에는 늙음이 전혀 보이지 않았다. 그는 그가 살았던 그대로 아름답고 평온하게 눈을 감았다.

육체의 병을 내쫓는 데 밝고 유쾌한 생각만큼 좋은 의사는 없다. 슬픔과 비탄의 그림자를 몰아내는 데 친절한 마음보다 더 좋은 위로자는 없다.

악의와 냉소, 의심과 질투에 묻혀 사는 것은 스스로 만든 감옥에 갇히는 것이다. 모든 것에 대해 좋게 생각하고 쾌활하게 받아들이며, 모든 것에서 좋은 점만 찾아내는 법을 참을성 있게 배우는 것, 이것이 바로 천국으로 들어가는 문이다.

날마다 모든 생명체에 대해 평온한 마음을 품고 살아가는 사람에게는 평화가 넘칠 것이다.

생각과 목표

생각을 목표와 연결할 때 비로소 지적인 성취를 이룰 수 있다. 많은 사람들이 생각이라는 배를 삶이라는 바다에 표류하도록 내버려둔다. 그러나 목표 없는 표류는 죄악이다. 재앙과 멸망을 피하고 싶다면 생각을 이렇게 표류하도록 내버려두어서는 안 된다.

인생에 중요한 목표가 없는 사람은 사소한 걱정거리와 두려움, 고난, 자기연민 같은 나약함에서 비롯된 징후들에 빠져들기 쉽다. 또한 의도적으로 죄를 저질렀을 때와 같이 실패와 불행, 손실이 이어질 것이다. 강력한 힘을 향해 진화하는 우주에서 이런 나약함은 오래 버틸 수 없기 때문이다.

사람은 마음에 올바른 목표를 품고 그것을 성취하기 위해 나아가야 하며, 그 목표를 생각의 중심에 둬야 한다. 사람의 성향에 따라 정신적인 이상을 추구할 수도 있고 물질적인 목표를 추구할 수도 있지만, 어떤 경우에도 꾸준히 자신이 설정한 목표에 생각의 힘을 집중해야 한다.

자신의 목표 달성을 가장 중요한 의무로 삼아야 하고, 그것을 위해 자기 자신을 헌신해야 한다. 그 과정에서 자신의 생각이 덧없는 공상이나 막연한 동경과 상상에 빠지지 않도록 주의해야 한다. 이렇게 노력하는 과정이야말로 자신을 통제하고 생각에 집중할 수 있는 왕도라고 할 수 있다.

목표를 달성하기 위해 나아가는 가운데 거듭 실패할 수 있다. 이는 자신의 약점을 극복할 때까지는 어쩔 수 없이 겪어야 하는 과정이다. 그 과정에서 얻은 인격의 강인함이 진정한 성공의 척도가 될 것이며, 능력과 승리가 보장된 미래의 새로운 시작점이 될 것이다.

위대한 목표에 대한 거룩한 부담감이 있는 사람이라면 먼저 아무리 하찮아 보이는 일이라도 일상의 의무를 완벽하게 수행하는 데 생각을 집중해야 한다. 이런 방법을 통해서만 생각을 하나로 모아 집중해 단호함과 추진력을 기를 수 있다. 그 후엔 이루지 못할 것이 아무것도 없다.

목표가 있을 때 더 강해진다

스스로 약점을 파악하고 강인한 힘은 노력과 실천에 의해서만 기를 수 있다는 진리를 믿는다면, 아무리 나약한 영혼을 지녔을지라도 분발하며 앞으로 나아갈 수 있다. 노력에 노력을 더하고 인내에 인내를 거듭한다면 그 영혼은 끊임없이 성장해 마침내 거룩한 경지에 이를 수 있다.

몸이 약한 사람이 주의 깊은 훈련을 통해 자신을 강하

게 만들 수 있듯이, 나약한 생각을 가진 사람 또한 올바르게 생각하는 훈련을 통해 정신을 단련할 수 있다.

목표의식 없는 삶과 나약함을 떨쳐버리고 목표를 세우고 주의 깊게 생각하기 시작하면 강인한 사람들의 반열에 낄 수 있다. 강인한 사람은 실패를 성공의 어머니라 여기며 모든 조건을 자신에게 유리하게 만들어나가고, 강하게 생각하며 대담하게 시도한 끝에 결국 멋지게 성취하는 사람이다.

일단 목표를 정했으면 한눈팔지 말고 오직 앞만 바라보고 목표를 향해 나아가야 한다. 그리고 의심과 두려움은 엄격하게 차단해야 한다. 그것은 노력이라는 곧은 길을 망가뜨리는 비뚤어지고 쓸모없는 방해 요소이기 때문이다.

의심과 두려움이 있으면 아무것도 이룰 수 없다. 의심과 두려움이 끼어들 때 목표의식과 에너지, 능력과 강인한 생각은 모두 중지되고 만다.

두려움과 의심 몰아내기

하겠다는 의지는 할 수 있다는 사실을 알았을 때 샘솟는다. 의심과 두려움은 이런 사실을 깨닫지 못하게 만드는 가장 큰 적이다. 그러므로 먼저 의심과 두려움을 물리치지 않으면 그것이 모든 일에서 우리를 훼방하고 무력화시킬 것이다.

의심과 두려움을 정복한 사람은 실패도 정복한다. 모든 생각은 힘과 결합되어 있어 어떤 어려움도 용감하게 대처하고 지혜롭게 극복하게 한다. 이런 사람의 목표는 제때 파종되어 꽃을 피우고, 익기도 전에 땅에 떨어지는 열매 없이 풍성한 열매를 거둘 수 있다.

두려움 없는 목표와 생각이 결합하면 창조적 힘이 된다. 이것을 아는 사람들은 줏대 없는 생각과 변덕스러운 감정의 덩어리가 아닌 좀 더 고귀하고 강인한 존재가 될 준비가 된 것이다. 이런 사람은 자신의 정신적 능력을 의식적으로 조절하고 지혜롭게 사용한다.

생각과 성공

성공한 모든 것과 성공하지 못한 모든 것은 자신이 품어온 생각의 직접적인 결과다. 균형이 깨지는 것이 곧 파멸을 의미할 만큼 완벽하게 질서정연한 우주에서 개인의 책임은 절대적이다.

강인함과 나약함, 순수함과 불순함은 자기 스스로 만들어낸 것이지 다른 사람이 가져다준 것이 아니다. 그것은 오직 자신만이 바꿀 수 있다. 다른 사람은 결코 바꿀 수 없다. 자신이 처한 상황 역시 자신에 의한 것이지 다른 사람 때문이 아니다.

고통이든 행복이든 모두 그의 내면에서 나온 것이다.

사람은 생각하는 존재이며, 그러므로 생각하는 대로 존재한다.

도움을 받으려 하지 않는 사람은 아무리 강한 사람이라도 도와줄 수 없다. 그러나 도움을 받기에 앞서 약한 사람은 스스로 강해지기 위해 노력해야 한다. 오직 자기 자신만이 자신의 상황을 바꿀 수 있다.

보통 "한 명의 독재자로 인해 많은 사람이 노예가 된다. 우리는 독재자를 증오한다"라고 생각한다. 하지만 "많은 사람들이 노예이기 때문에 한 사람의 독재자가 나타나는 것이다. 우리는 노예를 경멸한다"라는 말 또한 일면의 진실을 담고 있다. 사실 독재자와 노예는 자신도 모르는 사이 서로 돕고 있는 것이다. 이들은 서로를 괴롭히는 것처럼 보이지만 사실은 스스로 괴롭히고 있다.

완전한 깨달음의 눈으로 보면 억압당하는 자의 무기력과 억압하는 자의 권력 남용 사이에 어떤 법칙이 작용함을 알 수 있다. 양쪽 모두 고통을 겪고 있음을 볼 수 있고, 따라서 그들을 비난할 수가 없다. 나아가 온전히 자비로운 마음으로 억압당하는 자와 억압하는 자 모두를 포용하게 된다.

나약함을 극복하고 모든 이기적인 생각을 떨쳐버린 사람은 누구를 억압하지도 않으며 억압당하지도 않는다. 그는 자유롭다.

사람은 생각을 더 높이 끌어올려야만 도약하고 정복하고 성공할 수 있다. 그러지 못하는 사람은 나약하고 비굴하며 비참한 존재로 남을 수밖에 없다.

희생 없는 발전은 없다

어떤 일에든 성공하려면, 자신의 생각을 노예 같고 동물적 방종인 수준에서 끌어올려야 한다. 물론 아무리 애써도 동물적 성향과 이기심을 모두 버릴 수는 없겠지만 성공하기 위해서는 그중 일부분을 희생해야 한다.

본능적 쾌락을 중요하게 생각하는 사람은 명석하게 생각하지 못하고 계획도 체계적으로 세우지 못한다. 그런 사람은 잠재력을 계발하지도 못하며 하는 일마다 실패한다.

단호하게 자기 생각을 통제하지 않으면 업무를 관장하거나 중대한 책임이 주어지는 위치에 오를 수 없다. 물론 독자적으로 행동할 수도 없고 자립할 수도 없다. 그는 자신이 선택한 생각의 수준에 맞는 사람이 될 것이다.

희생 없이는 그 어떤 발전도 없고 성공도 없다. 마음을 혼란하게 하는 방탕한 생각을 과감히 떨쳐버리고 자신이 세운 계획을 추진해나가며 결단력과 자립심을 강화할 때 성공의 길에 들어서게 된다.

생각이 고매할수록 더욱 강인하고 바른 사람이 되어 더 큰 성공을 만들어낸다. 크게 성공할수록 더 많은 복을 받으며 영원한 성취를 이룬다.

세상은 탐욕스럽고 정직하지 않은 사람을 좋아하지 않는다. 가끔은 그런 사람들 중심으로 세상이 돌아가는 것처럼 보이기도 하지만 우주의 섭리는 그 반대다. 세상은 관대하고 정직하며 도덕적인 사람을 돕는다. 역사 속 모든 위대한 스승들이 이런 사실을 주장해왔듯이, 그것을 증명하고 깨닫기 위해서는 자신의 생각을 더 높이 더 도덕적으로 이끄는 수밖에 없다.

성공도 실패도 생각에서 비롯된다

지적 성취는 삶과 자연에서 아름다움과 진리를 찾기 위해 생각을 집중한 결과다. 이 같은 성취가 때로는 허영과 야망으로 연결되기도 하지만 지적 성취란 본래 그런 것으로부터 얻어지는 것이 아니다. 그것은 순수하고 이타적인 생각을 품고 오래도록 끈기 있게 노력할 때 얻어지는 결과물이다.

정신적 성취는 성스러운 열망이 실현된 것이다. 순수하고 이타적인 생각과 숭고하고 고귀한 생각에 잠겨 있는 사람은 태양이 절정에 이르고 달이 차는 것처럼 확실하게 지혜롭고 고귀한 성품을 얻게 된다. 또한 다른 사람에게 감동과 복을 주는 위치에 이른다.

어떤 종류의 성취든 그것은 노력의 결과이고 생각의 왕관이다. 자제력과 결단력, 순수함과 정의로움, 올바른 생각은 사람을 더 높은 차원으로 이끌어준다. 방탕한 생각과 게으름, 불순함과 부패, 줏대 없는 생각은 사람을 더 낮은 수준으로 끌어내린다.

세상에서 크게 성공하고 정신적으로도 매우 높은 경지에 올랐더라도 다시 오만한 이기심과 부패한 생각에 사로잡히면 나약하고 비참한 상태로 추락할 수 있다.

올바른 생각으로 성취한 승리라도 방심하지 않아야

계속 유지될 수 있다. 많은 사람들이 성공이 확실해 보일 때 방심하여 실패의 나락으로 굴러떨어진다.

사업에서든 지적 영역에서든 모든 성공은 명확하게 설정된 생각의 결과이고, 모두 동일한 법칙과 방법으로 얻어진다. 다만 도달하고자 하는 목표만이 다를 뿐이다.

작은 성취는 작은 희생으로도 가능하지만 큰 성취를 목표로 한다면 많은 것을 희생해야 한다. 더 높은 곳에 도달하기 위해서는 그만큼 큰 희생을 치러야 한다.

비전과 이상

꿈이 있는 자들이 세계를 구원한다.

눈에 보이는 세계가 눈에 보이지 않는 것들로 유지되듯, 사람은 모든 시련과 죄악, 탐욕스러운 일을 겪으면서도 고독한 몽상가의 아름다운 비전이 있기에 삶이 윤택해지는 것이다.

인류는 꿈꾸는 자들을 잊을 수 없다. 그들의 이상이 바래고 사라지게 내버려두지 않는다. 인류는 그들의 꿈속에 살며 그들의 이상이 언젠가 눈에 보이는 실체가 되리라는 사실을 알고 있다.

작곡가, 조각가, 화가, 시인, 예언자, 현인… 이들은 미래를 만들고 천국을 건설하는 자들이다. 이들이 있기에 세상은 아름답다. 이들이 없다면 인류는 고통에 시달리다 멸망할지 모른다.

아름다운 비전과 높은 이상을 마음에 품은 자는 언젠가 그것을 실현시키고야 만다. 미지의 세계에 대한 비전을 간직했던 콜럼버스는 대륙을 발견했고, 우주의 다양성에 관한 비전을 키웠던 코페르니쿠스는 결국 그 진실을 밝혀냈다. 티 없이 깨끗한 아름다움과 완벽한 평화를 꿈꾼 석가는 마침내 열반의 세계로 들어갔다.

자신의 비전을 소중히 간직하라.
자신의 이상을 소중히 생각하라.

가슴을 떨리게 만드는 음악과 마음에서 우러나오는 아름다움, 순수한 형태의 생각에 드리워진 사랑스러움을 소중히 간직하라. 거기에서 모든 기쁨과 천국 같은 세계가 시작될 것이다. 원하면 얻을 것이고 갈망하면 이룰 것이다.

그러나 저속한 욕망이 충족되고 순수한 열망이 하릴없이 시드는 경우는 없다. 그런 상황은 절대 일어나지 않는다.

숭고한 꿈을 꾸라. 그러면 그 꿈대로 이루어질 것이다. 비전은 언젠가 이루어질 당신과의 약속이며, 이상은 마침내 드러날 당신의 모습에 대한 예언이다.

꿈이 현실을 낳는다

위대한 업적도 처음엔 그저 꿈이었다.

참나무가 도토리에서 잠자고 새가 알에서 부화를 기다리듯 영혼의 숭고한 비전에는 천사가 깨어 움직이고 있다. 꿈은 장차 현실이 될 묘목이다.

현재 상황이 마땅치 않더라도 높은 이상을 품고 거기에 도달하기 위해 노력한다면 그 상황은 오래 지속되지 않을 것이다. 정신이 바쁘게 움직이는데 몸이 제자리에 가만있을 리 없기 때문이다.

여기 가난과 힘겨운 노동에 짓눌린 젊은이가 있다. 그는 건강에 해로운 일터에서 오랜 시간 일하며, 제대로 교육받지 못했고, 세련된 예술도 접해본 적이 없다. 하지만 그는 더 나은 삶을 꿈꾸고 있다.

그는 우아함과 아름다움, 교양과 지성에 대해 생각한다. 그는 마음속으로 삶의 이상적인 조건을 생각하며 더 넓은 자유와 더 큰 세계를 꿈꾸는 비전에 사로잡혀 있다.

불안함 속에서 그는 자신의 비전을 향해 움직이기 시작한다. 많지 않은 여가를 활용해 자신의 잠재력과 재능을 계발하기 시작한다. 그에 따라 그의 정신세계가 변화한다.

이제 그의 일터는 더 이상 그를 잡아둘 수 없다. 오래되어 낡아빠진 옷을 버리듯 그의 정신세계와 어울리지 않는 일터는 그의 삶에서 떨어져나간다. 그의 능력이 커질수록 더 많은 기회가 찾아오고 그는 영원히 과거와 결별한다.

세월이 흘러 우리는 장성한 젊은이를 본다.

그는 누구도 따를 수 없는 내면의 힘을 지닌 스승이 되어 온 세상에 영향을 끼치고 있다. 그의 손에는 막중한 책임이 놓여 있다. 그의 말에 사람들의 삶이 변화되고, 그의 말과 생각에 감화받은 사람들이 자신의 태도와 생각을 바꾼다. 수많은 사람의 운명이 그의 주위를 맴도는 가운데 그는 태양처럼 빛난다. 그는 젊은 날의 비전을 실현했다. 마침내 자신이 꿈꾸던 높은 이상에 도달한 것이다.

당신 역시 마음에 간직한 비전을 실현할 수 있다. 그것이 헛꿈만 아니라면 말이다. 사람은 언제나 자신이 가장 좋아하는 것에 은근히 끌리게 되어 있다. 그 결과는 저속할 수도 있고 아름다울 수도 있으며 두 가지를 교묘하게 섞은 것일 수도 있다. 어쨌든 당신의 손에는 당신이 품어온 생각대로 빚어진 결과가 쥐어질 것이다. 당신은 뿌린 대로 거둘 것이다. 그 이상도 이하도 아니다.

당신이 현재 처한 형편이 어떠하든, 당신의 생각과 비전과 이상에 따라 비상하거나 추락하거나 그 자리에 그대로 머물 것이다. 소망을 억누르면 그만큼 당신은 작은 존재가 될 것이고, 큰 꿈을 안고 앞으로 나아갈수록 당신은 큰 인물이 될 것이다.

영혼의 이끌림을 따르라

스탠턴 커크햄 데이비스의 이야기를 들어보자.

"그대가 지금 비록 회계장부를 쓰고 있을 수 있지만, 오랜 세월 그대의 이상을 가로막고 있는 장애물로 여겼던 저 문을 이제 열고 밖으로 나가야 한다. 아직 귀 뒤에 펜을 꽂은 채이고 손가락엔 잉크 얼룩이 있겠지만, 관객 앞에 선 그대 자신을 발견할 것이다. 이윽고 그대의 영감은 급류를 타고 밖으로 분출되리니."

"그대가 지금 양을 몰고 있을 수 있지만, 그래서 다소 어리둥절한 모습일지라도, 도시로 떠나라. 그리고 영혼의 이끌림을 따라 위대한 스승을 찾아가라. 시간이 흐른 후 스승은 그대에게 더 이상 가르칠 것이 없다고 말할 것이다. 그대는 현자가 되었다. 양 떼를 몰며 꿈꾸던 소망을 이제 이루었다. 세상을 변화시키기 위해 양 떼를 몰던 지팡이쯤은 과감히 버려야 한다."

비전을 찬미하고 이상을 키워나가라

경솔하고 무지하며 나태한 사람들은 본질을 보지 못하고 겉으로 드러난 결과만 보기 때문에 우연이나 재수 같은 말을 자주 사용한다. 재산이 점점 늘어나는 사람을 보며 그들은 말한다. "저 친구는 정말 재수가 좋아!"

통찰력이 뛰어난 지혜로운 사람을 보면 부러워하며 또 말한다. "운명이 그를 선택했군!"

다른 이들에게 다양하게 도움을 주는 사람에게는 이렇게 말한다. "하는 일마다 운도 좋아!"

그들은 업적을 이룬 사람들이 그동안 얼마나 많은 시련과 실패 속에서 투쟁해왔는지 알지 못한다. 이들이 극복하기 어려운 장애물을 넘어 마음에 간직한 비전을 실현하기 위해 어떤 희생을 치렀는지, 어떤 노력을 했는지, 신뢰를 쌓기 위해 얼마나 많은 훈련을 했는지도 알지 못한다.

그저 겉으로 드러난 빛과 기쁨을 보며 '행운'이라고 말한다. 그 뒤에 있는 길고 힘든 여정을 보지 못하고 과정을 이해하지 못하며 얻어진 결과만 보고 '운이 좋다'고 말한다.

인간사에는 수많은 노력과 결과가 있으며, 얼마나 노

력했는지는 결과를 보면 알 수 있다. 결코 요행이란 없다. 재능과 능력, 물질과 지혜, 정신적 자산은 모두 노력의 결과다. 그것은 완성된 생각이고, 성취된 목적이며, 실현된 비전이다.

마음에 품은 비전을 찬미하고, 가슴에 간직한 높은 이상을 소중히 키워나가라. 이 비전과 이상이 당신의 삶을 만들고 또한 당신의 미래 모습이다.

평온함

마음의 평온은 지혜가 낳은 아름다운 보석이다. 그것은 굳은 자제력으로 오래 참고 노력해온 결과다. 마음이 평온한 것은 경험이 축적되고 생각의 법칙과 적용에 대한 비범한 지식이 쌓였음을 의미한다.

자신의 생각이 전개되어 발전해온 결과가 현재의 자신이라는 사실을 이해할 때 비로소 마음이 평온해진다. 이것은 다른 사람 역시 생각의 결과라는 사실을 이해할 때 가능하다.

올바른 깨달음을 위해 노력하고 사물의 현상과 내적 관계를 생각의 법칙에 따라 명확히 이해하면, 더 이상 걱정하지도 근심하지도 않고, 화내지도 않으며, 우울해하지도 않게 된다. 그 대신 차분하고 안정된 평온한 마음을 얻는다.

마음이 평온한 사람은 자신을 다스리는 법을 터득한 사람이며, 그렇기 때문에 다른 사람에게 자신을 맞출 줄도 안다. 그러면 사람들은 그의 강인함을 존경하고, 그에게 많은 것을 배우고 믿고 의지할 수 있다고 느끼게 된다. 차분한 사람이 될수록 그는 더욱 큰 성공을 거두고 더 많은 영향을 미치며 선한 능력도 커진다.

평범한 장사꾼일지라도 자제력과 친절함을 키워나가면 사업이 번창한다. 사람들은 한결같은 태도를 가진 안정된 사람과 거래하기를 좋아하기 때문이다.

강하고 차분한 사람은 늘 사랑받고 존경받는다. 그는 메마른 땅에 그늘을 만들어주는 나무와 같고 폭풍우 속에서 피난처가 되어주는 바위와도 같다.

온화하고 상냥하며 균형 잡힌 사람을 누가 좋아하지 않겠는가. 이러한 복을 받은 사람들은 비가 오든 해가 뜨든 개의치 않는다. 항상 온화하고 상냥하며 차분하기 때문이다.

평온한 마음은 완벽하게 균형 잡힌 인격으로, 자기수양의 마지막 단계라 할 수 있다. 그것은 인생의 꽃이자 영혼의 결실이며, 지혜만큼이나 귀중하고 황금보다 탐나는 것이다.

파도와 폭풍우를 벗어나 저 깊은 진리의 바다 속에서 영원한 평화로움을 누리는 삶과 비교할 때 오로지 물질적인 부만 추구하는 삶은 얼마나 하찮은 것인가!

영원히 평온하기를

자신의 삶을 부정하고 발끈하는 성질로 아름답고 사

랑스러운 것들을 황폐하게 만들며 자신의 인격을 파괴하고 불화를 일으키는 사람이 얼마나 많은지! 많은 사람들이 자제력이 부족해 삶을 망치고 행복을 무너뜨린다. 균형 잡힌 성격과 평온함을 지닌 이들을 만나기란 또 얼마나 어려운가.

그렇다. 사람의 마음은 통제되지 않는 열정에 휘둘리고, 다스리지 못한 슬픔에 격동하며, 불안과 의심에 흔들리게 되어 있다. 지혜로운 사람, 생각을 다스리고 순화시킨 진정으로 현명한 사람만이 영혼에 불어닥친 폭풍우를 잠재울 수 있다.

폭풍우에 던져진 영혼들이여,
그대가 어디에 있든 어떤 환경에 살든 기억하라!
삶이라는 넓은 바다에는 축복이라는 섬이 미소 짓고 있음을.
햇살 가득한 이상이라는 해변이 그대를 기다리고 있음을.
그러므로 이제 생각이라는 방향키를 단단히 붙잡아야

한다.

그대의 영혼인 배 안엔 선장이 몸을 기대 잠을 자고 있다.

이제 그를 깨워야 한다.

자기 절제는 힘이며, 올바른 생각은 숙련된 기술이다.

그리고 평온한 마음은 능력이다.

이제 그대 마음에게 말하라.

"영원히 평온하라!"

KB113335

The Path of Prosperity

옮긴이 주랑은 대학에서 독문학을 전공하고 출판사에서 오래 근무했다. 현재 단행본 편집과 기획 및 번역 일을 하고 있다.

제임스 앨런 성공철학 2

삶의 법칙

초판 1쇄 발행　2021년 3월 15일

지은이　제임스 앨런
옮긴이　주랑
편집　김영미
표지디자인　스튜디오 진진

펴낸곳　이상biz
펴낸이　송성호
출판등록　제313-2009-7호(2009년 1월 13일)
주소　10546 경기도 고양시 덕양구 향기로 30, 106-1004
전화번호　02-6082-2562
팩스　02-3144-2562
이메일　beditor@hanmail.net

ISBN 978-89-93690-79-8　(03320)

* 이상biz는 이상북스의 경제경영서 전문 브랜드입니다.
* 책값은 뒤표지에 표기되어 있습니다.
* 파본은 구입하신 서점에서 교환해 드립니다.

The Path of Prosperity | 삶의 법칙 | 제임스 앨런 | 주랑 옮김

이상비즈

저자 서문

세상을 둘러보니 온통 슬픔의 그림자가 드리웠고 고통의 화염이 불타오르고 있었다. 나는 그 원인을 찾기 위해 주위를 둘러보았지만 찾을 수 없었다. 책을 보아도 알 수 없었다. 그러다가 바로 내 모습에서 슬픔과 고통의 원인을 발견했다. 그리고 나의 내면을 깊이 들여다보고서야 비로소 치유의 방법을 알 수 있었다. 나는 하나의 법칙, 곧 사랑의 법칙을 발견했고 그 법칙에 순응하는 삶을 알았다. 조용히 겸손한 마음으로 그 마음의 법칙을 따라 사는 삶의 길을 알게 되었다.

그리고 나는 사람들에게 도움이 되는 글을 쓰고 싶었다. 배웠거나 못 배웠거나, 속물이거나 고귀한 이상을 품고 살거나 또는 부자이거나 가난하거나 상관없이 세상 모든 사람이 자기 내면에서 모든 성공의 근원, 모든 행복과 성취의 근원, 모든 진실의 근원을 발견하는 데 도움이 되는 책을 쓰고 싶었다.

그 꿈은 내 마음속에서 풍부해져 마침내 현실이 되었다. 이제 치유와 축복의 임무를 지워 이 책을 세상에 보낸다. 이 글을 기다리며 받아들일 준비가 된 이들의 마음에 반드시 희망을 전해주리라 믿는다.

제임스 앨런

The Path of Prosperity

차례

악에서 배우는 교훈

불안과 고통, 그리고 슬픔은 삶에 그림자를 드리운다. 살다보면 누구나 깊은 고통에 빠질 때가 있고 말할 수 없는 번민에 잠 못 이루며 눈물을 흘리기도 한다. 때로는 근심의 어두운 바다에 던져져 갈피를 잡지 못한다. 질병과 죽음이라는 거대한 파괴자가 침입해 마음을 찢어놓고 슬픔의 장막을 친 적 없는 가정은 세상에 없다. 너무도 막강하여 도저히 파괴할 수 없을 것 같은 악의 기운은 삶의 어느 순간 숙명처럼 들이닥쳐 누구든 고통과 불행, 그리고 불운에 빠뜨린다.

사람들은 이 암울한 어둠에서 탈출하기 위해 또는 완화하기 위해 맹목적으로 무수한 책략을 성급히 시도한다. 어리석게도 그런 방법을 통해 행복해지기를 희망하는 것이다. 말초적 쾌락에 빠진 술꾼과 창녀, 세상의 슬픔을 외면한 채 사치에 빠진 심미주의자, 부와 명성을 갈망하며 그 실현을 최우선으로 여기는 자, 종교적 의식을 통해 위로를 찾는 자가 그러한 사람들이다.

그들의 눈에는 자신이 추구하는 행복이 금방이라도 실현될 듯 보인다. 그래서 그 달콤한 위안으로 잠시나마 악의 존재를 잊고 안일하게 지낸다. 그러나 질병의 날은 찾아오고, 거대한 슬픔과 유혹 그리고 불행이 연약한 영혼과 거짓 행복을 어느새 갈기갈기 찢어놓는다.

고통에서 벗어나기

모든 개인의 기쁨 뒤에는 위험이 도사리고 있어, 올바른 지식으로 무장하지 않은 이의 영혼은 언제든 고통의 습격을 받아 좌절하기 쉽다. 아이는 어른이 되고 싶어 울고,

어른은 어린 시절의 잃어버린 행복을 그리워한다. 가난한 사람은 자신을 옭아맨 가난의 굴레가 괴롭고, 부자는 가난해질지 모른다는 두려움에 매여 살아가거나 그가 행복이라고 믿는 기묘한 그림자를 찾아 온 세상을 헤맨다.

인간의 영혼은 때로 특정한 종교를 선택하기도 하고, 논리와 철학을 수용하거나 지적·예술적 이상을 세움으로써 보다 확실한 평화와 행복을 추구하기도 한다. 그러나 어떤 압도적인 유혹을 받으면 종교는 부적절하거나 충분하지 못하며, 철학 이론은 쓸모없는 버팀목이었음을 깨닫는다. 수 년 동안 각고의 노력으로 추구해온 이상이 한순간에 물거품이 되어버린다.

고통과 슬픔에서 벗어나기 위해 우리가 할 수 있는 일은 진정 아무것도 없는 것일까? 악의 사슬을 끊어낼 방법은 없는 것일까? 영원한 행복, 안정된 풍요로움과 지속적인 평화는 헛된 망상에 지나지 않는 것일까?

그렇지 않다. 나는 이제 악을 영원히 물리칠 수 있는

방법을 기쁜 마음으로 말하려 한다. 질병과 가난, 그리고 불행한 조건이나 상황을 다시 겪지 않을 수 있다. 어려움이 찾아오리라는 공포에서 벗어나 영구적인 번영을 확보할 수 있는 방법, 깨지지 않는 평화와 행복을 실현할 방법이 있다.

이 영광스러운 삶에 이르는 첫걸음은 악의 본질을 제대로 이해하는 것이다.

악을 똑바로 이해하기

악을 무시하거나 부정하는 것은 잘못된 일이다. 오히려 악을 이해해야 한다. 악을 없애달라고 신에게 기도하는 것만으로는 충분하지 않다. 악의 존재 이유와 악이 주는 교훈을 알아야 한다. 당신을 속박하는 굴레에 대해 화를 내고 초조해하는 것으로는 아무것도 되는 일이 없다. 한 걸음 물러서서 당신이 왜 속박당하고 있는지 알아야 한다.

그러므로 객관적인 입장에서 스스로 반성하고 이해할 필요가 있다. 경험이라는 학교에서 문제아 노릇은 그만두고, 정신을 고양하고 인격을 완성하는 궁극의 목적을 위해 겸손하고 참을성 있게 악에서 배우기 시작해야 한다. 올바르게 이해하면 악은 이 우주에서 결코 전능한 힘도 아니며 불변의 원칙도 아님을 알게 된다. 악은 그저 인생의 일시적 국면에 지나지 않으며, 배우려고 하는 자에게는 언제든 스승이 되어준다.

악은 우리 외부에 존재하는 어떤 추상적인 것이 아니다. 그것은 바로 우리가 마음으로 느끼는 구체적인 경험이다. 꾸준히 마음을 점검하고 바르게 한다면 점차 악의 근원과 본질을 알게 될 것이고, 필연적으로 악을 완전히 물리칠 수 있다.

악은 무지에서 자란다

모든 악은 바로잡을 수 있고 고칠 수 있다. 악은 영구적인 것이 아니다. 악은 사물과 현상의 진정한 본질과 관계에 대한 무지에서 생겨나는 것이므로, 우리가 그런 무지의 상태에 머물러 있는 한 우리는 악의 지배를 받을 수밖에 없다

세상의 모든 악은 무지의 결과다. 우리가 기꺼이 악에서 배우고자 하는 마음의 준비만 되어 있다면, 악은 우리를 더 높은 지혜로 인도하고 사라질 것이다. 그러나 사람들은 악에 빠져 허우적거릴 뿐 도무지 악에서 배울 생각을 하지 않는다. 그래서 악은 사라지지 않는 것이다.

매일 밤 침대 옆에 켜둔 촛불을 만지게 해달라고 조르며 우는 아이가 있었다. 결국 아이는 어머니가 잠시 방심한 틈을 타 촛불을 만졌다. 피할 수 없는 결과가 뒤따랐고, 아이는 그 뒤로 다시는 촛불을 만지지 않았다. 단 한 번의 어리석은 행동으로 아이는 부모님 말씀을 귀 기울여 들어

야 함을 깨달았고, 불이 뜨거운 것임을 알게 되었다.

이 이야기는 죄와 악의 본질과 의미, 그리고 결과를 완벽하게 보여준다. 이 아이가 불의 성질을 몰라서 크게 혼이 난 것처럼, 좀 더 나이를 먹은 아이들도 자신이 간절히 원해 애써 얻은 것에 대해 잘 알지 못해서 고통을 겪는 경우가 많다. 후자의 경우가 무지와 악이 좀 더 뿌리 깊고 그 실체 또한 모호하다.

어둠은 일시적이다

선은 언제나 빛을 상징했고 악은 어둠을 상징했다. 이러한 상징 뒤에는 선과 악에 대한 완벽한 해석, 즉 진실이 숨겨져 있다. 빛은 언제나 우주에 가득하고 어둠은 무한한 빛의 몇 줄기만을 차단하는 작은 물체에 의해 생겨난 그림자나 반점에 불과한 것처럼, 선은 빛처럼 세상을 감싸며 생명을 주는 긍정적인 힘이고 악은 그런 힘과 빛의 광선을 차단하는 작은 그림자에 불과하다.

밤은 칠흑 같은 어둠으로 세상을 덮는다. 그러나 어둠이 아무리 짙다 해도 밤은 고작 우리가 사는 작은 행성의 절반 정도의 공간만을 덮을 뿐이다. 우주는 강렬한 빛으로 밝게 빛나고 있으며, 모든 영혼은 자신이 아침의 빛에 깨어날 것을 알고 있다.

그러므로 슬픔과 고통, 불행의 어두운 밤이 당신의 영혼을 덮어 확신 없는 불안함으로 비틀거릴 때, 기쁨과 행복의 무한한 빛을 가로막고 있는 것은 바로 당신의 욕망임을 알아야 한다. 자신에게 드리운 어두운 그림자는 자기 자신이 선택한 것이다.

어둠이 근원도 방향도 일정한 거처도 없는 비현실의 그림자이듯, 우리 내면의 어둠 역시 빛에서 태어난 영혼이 성장하는 과정에서 잠시 스쳐 지나가는 작은 그림자에 지나지 않는다.

악이 주는 교훈

악의 어둠을 꼭 통과해야 하는지 의문이 들 수 있다. 그러나 누구나 무지로 인해 그 길을 선택하며, 그 어둠을 뚫고 지나감으로써 더 많은 빛을 감지하고 선과 악을 보다 잘 이해할 수 있게 된다.

모든 악은 무지의 직접적인 결과다. 그러므로 악이 주는 교훈을 온전히 깨달을 때 비로소 무지는 멀리 사라지고 지혜가 그 자리를 대신한다.

반항적인 아이가 학교에서 배우기를 거부하듯, 인생의 경험이 주는 교훈을 거부할 수도 있다. 그래서 어둠 속에 계속 머무르며 질병과 실망, 슬픔의 형태로 반복되는 처벌과 고통을 겪을 수 있다. 그러므로 자신을 에워싼 악과 대결하고 악을 떨쳐버리려는 사람은 기꺼이 배우려는 자세를 가져야 한다. 단련과 수양의 지난한 과정을 견딜 각오가 돼 있어야 한다. 그런 과정 없이는 지혜와 행복, 평화를 누릴 수 없다.

진리의 빛

어두운 방에 틀어박혀 스스로 빛을 차단하며 빛의 존재를 부정할 수 있다. 그러나 빛은 세상 모든 곳에 충만하다. 어둠은 그 작은 방 안에만 존재할 뿐이다.

마찬가지로 당신은 진리의 빛을 차단할 수 있다. 또는 당신을 둘러싼 편견과 이기주의, 그리고 잘못된 생각의 장벽을 무너뜨림으로써 어디에나 존재하는 그 영광과 빛을 받아들일 수도 있다.

진지한 자기성찰을 통해 악은 일시적인 현상이며 자기 자신이 만든 그림자일 뿐이라는 사실을 체득해야 한다. 당신이 겪는 모든 고통과 슬픔, 불행은 완전한 우주의 법칙에 의해 당신에게 온 것이다. 당신은 그러한 고난을 마땅히 받아야 하며 그 고난은 당신에게 필요한 것이다. 당신이 그것을 이해하고 견뎌낸다면, 당신은 보다 강하고 지혜롭고 고귀해질 것이다.

이러한 깨달음을 완벽히 자신의 것으로 만들면, 당신은 상황을 스스로 만들어나갈 수 있고 모든 악을 선으로 변화시키며 능란한 솜씨로 자신의 운명의 천을 자아갈 수 있을 것이다.

아직 밤이지만 깨어 있는 자여!
희미하게 동터오는 새벽이,
빛의 황금빛 사자(使者)인 여명이,
저 산꼭대기에 보이는가?
저 산 높은 곳에 여명의 빛줄기가 드리워져 있는가?

어둠을 쫓아내기 위해
그리고 밤의 모든 악마를 몰아내기 위해
돌진하는 빛의 광선이 눈에 보이는가?
죄인들의 운명을 알리는 목소리가 들리는가?

빛의 연인인 아침이 다가오고 있다.
산등성이를 황금빛으로 물들이며,

나는 밤을 향해 다가오는
그 빛나는 길을 희미하게 본다.

어둠이 멀리 사라진다. 그 어둠을 사랑하고
빛을 싫어하는 모든 것들이
밤과 함께 영원히 사라질 것이다
기뻐하라!
빠르게 다가오는 사자가 노래한다.

세계는 정신의 거울이다

당신이 어떤 존재인가에 따라 당신의 세계가 만들어진다. 외부 세계의 모든 것은 당신의 내면적 경험으로 인해 바뀐다. 외부의 것들은 모두 당신의 의식 상태를 반영하는 것일 뿐이기에 그다지 중요하지 않다. 외부에 있는 모든 것은 내면에 따라 비춰지고 채색되기 때문이다.

당신이 확실하게 알고 있는 것은 모두 당신의 경험 속에 들어 있는 것이다. 당신이 앞으로 알게 될 지식 역시 경험의 문을 거쳐 들어온 다음 당신의 일부가 된다.

당신의 생각과 욕망, 그리고 열망이 당신의 세계를 구성한다. 아름다움과 기쁨과 행복, 또는 추함과 슬픔과 고통의 세계에 속한 모든 것이 당신 안에 들어 있다. 당신의 생각에 따라 당신의 삶과 세계, 우주가 만들어지거나 허물어진다.

당신이 생각의 힘으로 내면의 세계를 구축하듯이 외적인 삶과 상황도 그 생각의 힘에 의해 만들어진다. 당신이 마음 가장 깊은 곳에 품은 모든 생각이 필연적으로 머지 않아 당신의 외적 삶에 그 형상을 드러낸다.

불순하고 야비하며 이기적인 영혼은 정확히 불행과 파멸을 향해 끌려간다. 마찬가지로 순수하고 품위 있고 이타적인 영혼은 행복과 번영을 향해 끌려간다. 모든 영혼은 각기 자신에게 속한 것, 자신과 같은 속성을 끌어당기기 마련이다. 자기 내면의 속성과 다른 것은 결코 받아들이지 않는다. 이것을 깨달으면 성스러운 법칙의 보편성을 아는 것이다.

삶에서 일어나는 모든 사건은 그것이 성공이든 실패든 우리 영혼의 정신세계가 지닌 특성과 힘에 의해 일어난 것이다. 모든 영혼은 경험과 생각이 모여 이루어진 복잡한 결합체이며, 몸은 그것을 드러내는 매개체다. 그러므로 당신의 생각이 바로 진정한 당신의 실제 자아이며, 당신이 경험하는 세상은 당신의 생각이 세상에 투사된 모습이다.

환경은 삶의 주인이 아니다

"지금 나의 상태는 지금까지 내가 생각해온 것의 결과다. 나의 생각을 토대로 내가 어떤 사람인지 결정된다." 석가모니는 이렇게 말했다. 따라서 어떤 이가 행복한 것은 그가 행복한 생각으로 살기 때문이고, 불행한 것은 낙심하고 무기력한 생각에 젖어 있기 때문이다. 어떤 이가 겁이 많든 용감하든, 어리석든 지혜롭든, 불안하든 평온하든, 그가 처한 모든 정신 상태의 원인은 그의 영혼 내부에 있다.

이렇게 묻는 이도 있을 것이다. “정말로 외부 조건이 우리의 마음에 아무 영향을 주지 않는다는 말입니까?” 그런 말이 아니다. 하지만 상황은 단지 당신이 허용할 경우에만 당신에게 영향을 끼칠 수 있다. 이것은 확실하다. 당신이 생각의 본질과 효용, 힘을 올바르게 이해하지 못했기 때문에 상황에 좌우되는 것이다.

당신은 외부 상황이 당신의 삶을 성공하게도 만들 수 있고 망칠 수도 있다고 믿는다(믿음이라는 단어 하나에 우리의 기쁨과 슬픔이 달려 있다). 그래서 외부 상황에 굴복하면서 외부 요인들이 주인이고 당신은 노예라고 인정하는 것이다. 그렇게 함으로써 당신은 아무것도 아닌 외부 상황에 힘을 부여한다. 그러나 당신이 굴복하고 있는 현실은 상황 그 자체가 아니라 당신의 정신이 외부 상황에 투영한 기쁨이나 슬픔, 두려움이나 희망, 또는 강함과 나약함에 불과하다.

두 남자 이야기

나는 젊어서 힘들게 번 돈을 하루아침에 잃어버린 두 남자 이야기를 알고 있다. 한 명은 매우 낙담했으며 억울함에 분노를 터뜨렸다.

반면에 다른 한 명은 자신이 돈을 맡긴 은행이 아무 가망 없이 완전히 파산했다는 신문 기사를 읽고는 담담히 말했다. "괴로워한다고 돈을 찾을 수 있는 것도 아니고, 다시 열심히 일하는 수밖에." 그는 새로운 마음으로 활기차게 일했고 빠르게 돈을 모았다. 하지만 자신의 불운에 낙담하고 울분에 차 불평만 늘어놓던 앞의 남자는 상황의 나약한 노예가 되고 말았다. 그의 생각이 결국 그의 현실을 잡아먹은 것이다.

어이없이 돈을 잃게 된 사건이 그 남자에게는 저주의 씨앗이었다. 그가 어둡고 침울한 생각으로 그 사건을 해석했기 때문이다. 하지만 다른 남자에게 돈의 손실은 또 다른 형태의 축복이었다. 그가 희망을 품고 강인한 마음과 새로운 각오로 노력했기 때문이다.

상황 자체에 성공하거나 실패하는 힘이 있는 것이라면, 상황은 모든 사람에게 똑같이 성공과 실패를 가져다 줄 것이다. 하지만 위의 이야기와 같이, 동일한 상황도 그것을 어떻게 받아들이느냐에 따라 결과가 달라지는 것을 보면, 좋거나 나쁜 상황이 문제가 아니라 그것을 받아들이는 사람 마음의 문제라는 것을 알게 된다.

당신이 이것을 깨달았다면, 먼저 당신의 생각을 단속하고 정신을 다스리고 훈련하기 시작할 것이다. 자기 영혼의 내면의 신전을 다시 지어 모든 불필요한 것을 몰아내고, 기쁨과 평온, 힘과 생명, 연민과 사랑, 아름다움과 불멸의 생각만을 당신의 존재 안에 통합하기 시작할 것이다. 그렇게 함으로써 당신은 기쁨과 평온함을 얻고 강하고 활기차며 사랑이 넘치고 불멸의 아름다움이 충만한 사람이 될 것이다.

생각에 따라 다르게 보이는 세계

우리가 자신의 '생각' 이라는 안경을 통해 자신에게 일어나는 사건을 해석하고 받아들이듯, 우리 주위 현실 세계의 대상들도 우리의 '생각' 이라는 안경을 통해 바라본다. 따라서 어떤 사람에게는 조화롭고 아름다운 것이 또 다른 사람에게는 역겹고 추한 것이 될 수 있다.

어느 열정적인 과학자가 시골길을 걷다가 농장 근처에서 연못을 발견했다. 그는 현미경으로 조사하기 위해 연못의 물을 작은 병에 채우며 옆에 서 있던 농부에게 이 연못 물에 숨어 있는 수많은 생명의 경이로움에 대해 열정적으로 설명했다.

"이 안에는 수백, 수만 개의 세계가 있어요. 우리에게 그것을 볼 수 있는 도구가 있다면 그 세계를 이해할 수 있을 텐데 말이죠."

그러자 소박한 농부는 심드렁한 목소리로 말했다.

"저 연못엔 올챙이가 많죠. 그걸 잡기도 쉽고요…."

자연에 대한 풍부한 지식을 가진 과학자는 연못 물에 담긴 수많은 생명의 아름다움과 조화를 볼 수 있었지만, 과학 지식이 전혀 없는 농부에게는 그저 진흙 웅덩이에 불과했던 것이다.

나그네가 무심히 밟고 지나간 야생 꽃도 시인의 영혼에는 하늘에서 내려온 천사의 메신저로 받아들여질 수 있다. 많은 사람에게 바다는 그저 배가 항해하고 때때로 난파하는 넓고 황량한 물의 공간일지 모른다. 그러나 음악가의 영혼에게 바다는 살아 있는 생명체이며, 그는 시시각각 변화하는 바다의 모든 분위기에서 천상의 하모니를 듣는다.

보통 사람들이 재난과 혼란만을 보는 곳에서 철학자의 정신은 완벽한 인과관계를 발견하며, 유물론자들이 끝없는 물질 현상만 보는 곳에서 신비주의자는 영원한 생명의 약동을 본다.

나를 통해 타인을 본다

우리가 우리의 생각의 안경을 통해 어떤 사건과 대상을 바라보는 것처럼, 다른 사람을 대할 때도 생각의 안경을 통해 그들을 바라본다. 의심이 많은 사람은 모든 사람을 의심스럽게 생각한다. 거짓말쟁이는 세상에 진실한 사람은 없다고 생각하면서 마음이 편해진다.

시기심이 많은 사람은 다른 사람들도 시기심이 많다고 생각하고, 구두쇠는 모든 사람이 자신의 돈을 탐낸다고 생각한다. 양심을 속이며 재물을 모은 사람은 베개 밑에 권총을 두고 잠을 자면서 세상은 자신의 돈을 강탈하려는 사람들로 가득하다고 생각한다. 그리고 호색가는 성인(聖人)을 위선자로 간주한다.

반면에 사랑이 가득한 사람은 모든 사람 안에서 사랑과 연민을 일으키는 장점을 발견한다. 의심할 줄 모르고 정직한 사람은 의심으로 인한 고통을 받지 않으며, 본성이 착한 사람은 다른 사람의 행운에 기뻐한다. 그는 질투의 의미도 잘 알지 못한다. 또 자기 내면의 신성(神性)을 깨달은 사람은 모든 생명 안에서, 심지어 짐승 안에서도 신성을 발견한다.

사람들은 인과의 법칙에 따라 자신이 뿌린 대로 거두고, 자신과 비슷한 생각을 가진 사람들과 만나기 때문에 좀처럼 정신적 시야를 바꾸지 못하고 고정관념은 깊어만 간다. 유유상종(類類相從)이라는 말은 우리가 생각하는 것보다 더 깊은 뜻을 담고 있다. 생각의 세계 역시 물질의 세계와 마찬가지로 같은 종류끼리 끌어당기기 때문이다.

친절한 대우를 받고 싶은가? 그러면 친절하게 대하라. 진실을 원하는가? 진실한 사람이 되라. 무엇이든 당신이 주는 대로 당신도 받을 것이다. 당신의 세계는 바로 당신을 비춘 거울이다.

천국은 당신 안에 있다

만일 당신이 사후에 존재하는 더 행복한 세상을 기대하는 사람이라면, 여기 당신을 위한 기쁜 소식이 있다. 행복은 온 우주를 채우고 있으며, 당신 안에 있다. 행복은 당신이 찾아서 인정해주고 소유해주기를 기다린다.

존재의 내부 법칙을 아는 이가 말했다. "사람들이 여기로 오라, 저기로 오라 말할 때 좇아가지 말라. 천국은 당신 안에 있다." 당신이 할 일은 이 말을 믿는 것이다. 의심하지 않는 마음으로 단순하게 생각하고, 이해될 때까지 깊이 생각하라. 그러면 당신은 내면의 세계를 정화하며 새롭게 구성하기 시작할 것이다. 하나의 깨달음에서 다른 깨달음으로 나아가는 과정에서 스스로 다스리는 영혼의 놀라운 힘뿐만 아니라 외부 사물이 얼마나 무력한지도 깨닫게 될 것이다.

만약 당신이 세상을 바르게 하고

모든 악과 불행을 몰아내고 싶다면,

황무지에 꽃이 피게 하고

광활한 사막에 장미꽃이 만발하게 하고 싶다면,

먼저 당신 자신을 바르게 하라.

오랫동안 죄에 사로잡혀 있는 세상에서

모든 깨진 마음을 회복하고,

슬픔을 없애고 감미로운 위안을 받고자 한다면,

먼저 당신 마음의 방향을 전환하라.

세상을 치유해

오랜 병마와 슬픔과 고통을 끝내려면,

모든 것을 치유하는 기쁨을 세상에 가져오려면,

고난에 처한 이들에게 평온을 주고 싶다면,

먼저 당신 자신을 치료하라.

세상을 깨우고 싶다면,

죽음과 음울한 투쟁의 꿈에서 벗어나

사랑과 평화를 가져오고

영원한 생명의 빛으로 밝게 하기 위해

먼저 당신 자신을 깨우라.

원하지 않은 상황에서 벗어나기

악은 이기적 자아가 영원한 선(善)의 초월적 형상을 가로막는 그림자에 지나지 않는다는 사실, 그리고 세계는 자신의 모습을 그대로 반영하는 거울이라는 사실을 깨닫고 나면, 우주의 영원한 법칙을 바라보는 인식을 향해 보다 안정되고 여유 있는 걸음을 내딛게 된다.

그리고 모든 것이 원인과 결과의 끊임없는 상호작용에 포함되어 있으며, 그 어느 것도 이 법칙에서 벗어날 수 없음을 알게 된다. 사람의 아주 사소한 생각이나 말, 행동에서부터 천체의 배치에 이르기까지 이 영원한 법칙은 우주 최고의 힘으로 존재한다.

잠시라도 이 법칙을 벗어나 존재할 수는 없다. 그것은 영원한 법칙의 부정이자 소멸을 의미하기 때문이다. 그러므로 삶의 모든 조건은 조화롭고 질서정연하게 엮여 있으며, 모든 상태의 비밀과 원인은 그것 자체 안에 들어 있다.

영원한 법칙

'뿌린 대로 거둘 것이다.' 이 법칙은 영원의 문 위에 불타오르는 문자로 새겨져 있다. 아무도 이 법칙을 거부할 수 없고, 속일 수 없으며, 피할 수도 없다. 불에 손을 넣은 사람은 불꽃이 사그라들 때까지 고통을 느껴야 한다. 그 어떤 저주의 말이나 기도도 소용이 없고 상황을 바꿀 수도 없다.

이와 똑같은 법칙이 마음의 영역에도 적용된다. 증오, 분노, 시기, 질투, 욕망, 탐욕 등은 모두 타오르는 불꽃이며, 이 불꽃에 살짝 손만 갖다 댄 사람도 고통을 경험하게 된다. 이러한 마음의 상태는 당연히 '악'이라 불린다. 이것은 무지의 상태에서 영원한 법칙을 전복시키려는 영혼의 노력이며, 뒤이어 정신적 혼돈과 혼란에 이르고, 얼마 안 가 질병과 실패, 불행 같은 외부 상황이 슬픔, 고통, 절망과 함께 찾아오기 때문이다.

사랑, 친절, 선의, 순결함은 이를 추구하는 영혼에 평화를 불어넣는 시원한 바람과도 같아서 영원한 법칙과 조화를 이루어 건강과 평화로운 환경, 지속적인 성공과 행운의 형태로 실현된다.

법칙에 순종하기

온 우주에 충만한 이 위대한 법칙을 완벽하게 이해하면, 순종이라는 마음의 상태에 이르게 된다. 정의와 조화, 사랑이 우주 최고의 가치임을 이해하면, 온갖 불운하고 고통스러운 상태는 이 법칙에 순종하지 않은 결과라는 사실을 알게 된다. 이러한 지식은 강인함과 능력으로 이어지며, 그것만으로도 진정한 삶과 지속적인 성공, 그리고 행복을 이룰 수 있다.

어떤 상황에서도 인내하며 모든 조건을 자신을 훈련하는 데 필요한 요소로 받아들인다면, 그 어떤 고통스러운 상황도 확실히 극복할 수 있다. 그리고 극복한 그 상황은 다시 반복해 돌아오지 않는다. 법칙에 순종하는 힘에 의해 완전히 제거되었기 때문이다. 법칙에 순종하는 사람은 법칙과 조화를 이루어 일하고, 법칙에 의해 자기 자신을 규정한다. 그러므로 그가 극복한 것은 영원히 극복된 것이고, 그가 쌓은 것은 결코 무너지지 않는다.

인생은 스스로 만드는 것

모든 힘의 원인은 모든 나약함과 마찬가지로 내면에 있다. 모든 행복과 불행의 비밀도 마찬가지로 내면에 있다. 정신적인 발전과 따로 떨어진 진보는 있을 수 없고, 이해력이 착실히 향상하지 않으면 번영과 평화의 확실한 발판은 마련되지 않는다.

당신은 상황에 매여 있다고 생각한다. 더 나은 기회, 좀 더 넓은 시야, 좀 더 풍요로운 물질적 조건을 부르짖으며 당신은 속으로 당신의 손과 발을 묶어놓은 운명을 저주할지 모른다. 그러나 당신이 내면의 삶을 향상시키겠다고 확고히 결심한다면, 당신의 외부 조건 역시 당신이 원하는 상태에 이르게 할 수 있다.

이것이 처음에는 별 효과가 없는 것 같이 느껴진다는 것을 안다. 진실은 항상 그렇다. 처음부터 매혹적으로 다가오는 것은 거짓과 기만뿐이다. 당신이 그 길을 걷기 시작하고, 당신의 영혼을 단련해 약점을 뿌리 뽑고 정신적 힘과 영적 힘이 펼쳐지도록 한다면, 외적 삶에서 일어나는 마술 같은 변화에 깜짝 놀라게 될 것이다.

앞으로 나아갈수록 당신의 앞길은 황금빛 기회로 뒤

덮이고, 그 기회를 적절하게 이용할 수 있는 능력과 판단력이 당신 내면에서 솟아오를 것이다. 가만히 있어도 좋은 친구들이 찾아올 것이다. 바늘이 자석에 붙는 것처럼, 당신과 마음이 통하는 영혼들이 당신을 찾을 것이다. 또한 당신이 필요로 하는 책과 모든 외부의 도움 역시 일부러 찾지 않아도 당신에게 찾아올 것이다.

불평하지 않기

어쩌면 당신은 무거운 가난의 사슬에 매여 있을지 모른다. 친구가 없어 외로울 수도 있다. 당신은 당신이 짊어진 짐이 조금이라도 가벼워지기를 간절히 소망한다. 그러나 무거운 짐은 계속해서 당신의 삶을 짓누르고, 아마도 당신은 비탄에 빠져 불평하며 당신의 출생 자체를 저주하거나 부모나 고용주를 원망할 것이다. 또는 당신에게는 너무도 부당한 가난과 고난을 주고 다른 어떤 사람에게는 풍요와 안락을 준 어떤 힘을 탓할 수도 있다.

불평하지도 말고 초조해하지도 말라. 당신이 탓하는 대상들 때문에 당신이 가난한 것이 아니다. 원인은 당신 안에 있다. 그리고 원인이 있다면 구제할 방법도 있다. 당신이 불평한다는 사실은 바로 모든 노력과 발전의 기초인 믿음이 당신에게 부족함을 보여줄 뿐이다.

우주의 법칙에 불평하는 자가 설 자리는 없다. 걱정과 근심은 자기 영혼을 죽이는 짓이다. 그런 마음의 태도가 당신을 구속하는 모든 굴레를 더욱 단단히 만들며, 당신을 감싸고 있는 어둠을 더욱 강하게 끌어들인다.

인생의 관점을 바꾸면 외부의 삶도 바뀐다. 믿음과 분별력을 갖추기 위해 노력하고, 더 좋은 환경과 폭넓은 기회를 가질 만한 가치가 있는 사람으로 스스로를 만들어 나가라. 무엇보다 당신이 가지고 있는 것에서 최선의 것을 끌어내야 한다. 작은 것쯤은 무시해도 큰 발전을 이룰 수 있다는 생각으로 자신을 속이지 말라. 그렇게 이룬 발전은 영원하지 못하며, 결국 자신이 무시하고 넘어간 교훈을 배우기 위해 다시 후퇴하게 된다.

학생이 다음 단계를 공부하기 전에 기본을 완벽하게 이해해야 하는 것처럼, 당신은 원하는 것을 이루기 전에 당신이 이미 가지고 있는 것을 충실히 이용해야 한다. 성경에 나오는 달란트의 비유는 이 진리를 예시하는 아름다운 이야기다. 이 이야기는 우리가 가진 재능이 아무리 하잘것없어 보이더라도 그것을 무시하거나 가치 없는 것으로 여기면 그것조차 박탈당한다는 사실을 비유적으로 묘사한다. 자신의 재능을 무시하고 오용하는 사람은 스스로 그것을 소유할 자격이 없음을 보여준다.

자신의 환경을 품위 있게 가꾸라

아마도 당신은 허름하고 작은 집에 살고 있으며, 별로 좋지 않은 환경에 놓여 있을지 모른다. 당신은 좀 더 크고 깨끗한 집을 갖고 싶다. 그렇다면 먼저 당신의 허름한 집을 작은·낙원으로 만들기 위해 최대한 노력해야 한다.

제한된 조건이겠지만 먼지 하나 없이 청결하게 유지하고, 멋지고 기분 좋은 공간으로 만들어라. 간소한 음식이라도 정성을 다해 요리하고, 소박한 식탁을 최대한 품위 있게 꾸며라. 카펫을 살 여유가 없다면, 기쁨과 감사의 마음을 바닥에 깔고 친절한 말들을 인내의 망치로 단단히 고정하라. 이런 카펫은 햇볕에 바래지도 않고 오래 사용해도 절대로 낡지 않는다.

현재의 환경을 이렇게 품위 있게 만듦으로써 당신을 상황을 뛰어넘을 수 있으며, 적절한 때가 되면 그동안 당신이 원하며 준비하고 노력해왔던 더 나은 집과 환경으로 나아갈 수 있을 것이다.

아마도 당신은 생각하고 노력하는 데 더 많은 시간이 필요하다고 느끼면서도 그 시간이 너무 어렵고 길게 느껴질지 모른다. 당신은 먼저 많지 않은 여유 시간을 최대한 활용하기 위해 노력해야 한다. 시간이 더 생기기를 바라는 것은 부질없는 일이다. 아무리 적은 시간이라도 당신이 시간을 낭비하고 있다면 더 많은 시간이 주어져도 소용없다. 당신은 더 나태하고 무심해질 것이기 때문이다.

악은 축복이다

당신이 생각하는 바와 달리 가난과 시간 부족은 악이 아니다. 그것이 당신의 발전을 방해하는 것은, 당신이 자신의 약점을 그것들로 표현했기 때문이다. 당신이 그것들에서 보는 악은 사실 당신 자신에게 있는 것이다.

당신이 스스로 정신을 갈고 닦으며 노력하는 한, 당신은 스스로 운명을 만드는 사람이다. 당신은 인격을 변화시키는 자기훈련을 통해 점점 이 사실을 깨닫고, 소위 악이라는 것이 축복으로 바뀔 수 있음을 이해하게 된다.

당신은 당신의 가난을 인내심과 희망, 용기를 계발하는 데 이용할 것이며, 적은 시간도 소중히 효율적으로 활용하며 시간 부족을 결단력과 행동의 민첩성을 얻는 데 이용할 것이다.

거름냄새 진동하는 흙에서 가장 아름다운 꽃이 피듯, 인류 역사상 위대한 영혼들도 가난의 어두운 토양에서 인간성의 꽃을 피운 경우가 많았다. 어려움에 대처하고 불만족스러운 환경을 극복해야 하는 곳에서 미덕은 가장 크게 번성하여 그 영광을 펼친다.

당신은 고약한 고용주에게 가혹하게 대우받고 있다고 느낄 수도 있다. 그것이 훈련에 필요한 과정이라고 생각해보라. 그리고 고용주의 몰인정함에 관용과 용서로 대응하라. 끊임없이 인내와 자제력을 연습하라. 정신적 힘과 영적 힘을 얻는 데 이런 불리한 조건을 이용해 전화위복이 되게 하라. 당신이 조용히 모범을 보이며 영향력을 발휘하면, 고용주는 자신의 행동을 부끄러워할 것이며 당신은 보다 높은 수준으로 성장할 것이다. 그리고 당신이 높은 수준에 도달하면 당신에게는 새로운 기회가 주어지고, 결국 당신은 당신 수준에 맞는 새로운 환경에 들어가게 된다.

자신의 노예가 되지 말라

자신이 노예 같다고 불평하기 전에 품위 있는 행동으로 현재의 상태를 극복하라. 자신이 다른 사람에게 구속되어 있다고 불평하기 전에 먼저 스스로 자신의 노예가 되어 있지는 않은지 살펴보라.

엄중함으로 자신의 내면을 살펴보라. 자기 자신에게 자비를 베풀지 마라. 어쩌면 당신은 당신의 내면에서 노예 같은 생각과 욕망을 발견할 수도 있고, 일상의 언행에서 노예 같은 습성을 발견할지도 모른다. 그것을 극복해야 한다. 더 이상 자기 자신의 노예가 되지 말라. 그러면 누구도 당신을 노예로 만들 힘을 갖지 못할 것이다. 당신이 자기 자신을 극복하면, 그 어떤 불리한 환경도 극복해 낼 수 있고, 모든 어려움은 당신 앞에서 무너질 것이다.

당신이 부자에게 억압받는다고 불평하지 마라. 막상 당신이 부자가 되었을 때 타인을 억압하지 않으리라고 장담할 수 있는가? 오늘 다른 이를 억압하는 사람은 내일 자신이 억압받는다는 영원한 법칙을 기억하라. 이것은 예외가 없는 법칙이다. 당신은 어쩌면 부유하고 억압하는 자였다가 지금 위대한 법칙에 진 빚을 갚고 있는지도 모른다. 그러므로 무엇보다 불굴의 의지와 믿음을 가져야 한다. 영원한 정의와 선에 대해 끊임없이 생각해야 한다.

개인적이고 일시적인 차원에서 벗어나 보편적이고 영원한 차원으로 들어가기 위해 노력하라. 당신이 다른 사람에게 상처받거나 억압당하고 있다는 자기기만을 떨쳐버리라. 삶을 지배하는 법칙과 내면의 삶에 대한 깊은 이해를 바탕으로, 당신은 오직 당신 내면의 요소에 의해서만 실제로 상처받을 수 있음을 깨달을 것이다.

미덕을 획득하라

자기연민보다 더 불명예스럽고 비열하며 자기 영혼을 파괴하는 습성은 없다. 그것을 내던져버리라. 이런 독을 마음에 품고 있는 한 당신은 절대로 충만한 생활을 영위할 수 없다.

다른 사람에 대한 비난을 중지하고 자신을 비판하라. 순수하지 못한 행동과 선을 견디지 못하는 욕망이나 생각을 절대 너그럽게 용납하지 마라. 그러면 당신은 영원한 반석 위에 집을 짓게 될 것이며, 때가 되면 당신의 평온과 행복에 필요한 모든 것이 당신에게 찾아올 것이다.

마음속의 이기적이고 부정적인 요소를 완전히 몰아내지 않고서는 가난이나 바람직하지 않은 환경을 극복할 길이 없다. 가난과 원치 않는 환경은 이기적이고 부정적인 생각의 반영이며, 그런 생각 때문에 지속되는 것이다. 진정한 부를 얻는 방법은 덕을 쌓아 영혼을 풍요롭게 하는 것이다. 참된 미덕 없이는 번영도 힘도 생기지 않는다. 외관만 그럴듯해 보일 뿐이다.

미덕도 없고, 미덕에 대한 욕구도 없는 사람이 돈을 버는 경우가 있다. 하지만 그렇게 번 돈은 참된 부를 이루지 못하며, 그 돈의 소유가 일시적이고 불안정하다. 여기 다윗의 증언이 있다.

"그것은 내가 거만한 자를 시샘하고 악인들이 누리는 평안을 부러워했기 때문이다.…그들은 피둥피둥 살이 쪄서 거만하게 눈을 치켜뜨고 다니며, 마음에는 헛된 상상이 가득하며…이렇다면 내가 깨끗한 마음으로 살아온 것과 내 손으로 죄를 짓지 않고 깨끗하게 살아온 것이 허사라는 말인가?…내가 이 얽힌 문제를 풀어보려고 깊이 생각해보았으나, 그것은 내가 풀기에는 너무나 어려운 문제였습니다. 그러나 마침내 하나님의 성소에 들어가서야 악한 자들의 종말이 어떻게 되리라는 것을 깨닫게 되었습니다." (구약성경 시편 73:3, 7, 13, 16-17, 새번역)

먼저 덕을 추구하라

다윗은 악인이 번영하는 것을 보며 몹시 낙담했지만,

성소에 들어간 후 악인들의 최후를 알게 되었다.

우리도 마찬가지로 하나님의 성소에 들어갈 수 있다. 그것은 우리의 마음에 있는 온갖 더럽고 사사롭고 일시적인 것을 넘어 보편적이고 영원한 법칙이 실현될 때 유지되는 의식의 상태다. 그것은 신적인 의식 상태, 곧 하나님의 성소다.

오랜 노력과 수련으로 그 거룩한 성전으로 들어가는데 성공하면, 모든 것을 꿰뚫는 통찰력으로 인간의 생각과 노력의 결과와 열매를, 선과 악을 모두 알게 된다. 이제 당신은 부도덕하게 재산을 축적한 사람을 보더라도 믿음이 약해지지 않는다. 그가 결국에는 가난과 몰락의 길에 들어서리라는 것을 알기 때문이다.

덕이 없는 부자는 강물이 바다로 흐르듯 그의 풍요로움 속에서 서서히 가난과 불행을 향해 나아가고 있다. 설령 그가 부자인 채로 죽더라도 그는 현실에서 저지른 모든 부도덕의 쓴 열매를 거두기 위해 다시 태어나야 한다.

그가 부도덕하게 여러 번 부자가 되더라도 결국에는 오랜 경험과 고통을 통해 자기 내면의 가난을 극복할 때까지 다시 가난에 던져질 것이다.

물질적으로 가난하더라도 덕이 많은 사람이 정말 풍요로운 사람이다. 그는 비록 지금 가난하지만 확실하게 번영을 향해 나아가는 중이며, 그의 앞에는 기쁨과 행복이 기다리고 있다.

당신이 진정한 번영을 원한다면 먼저 미덕을 쌓아야 한다. 부 자체를 유일한 목표로 두고 탐욕스럽게 달려드는 것은 어리석은 짓이며, 결국 자기 자신을 패배자로 만드는 일이다. 자기 완성을 목표로 삼고 유용하고 희생적인 봉사를 통해 사회의 번영에 기여하며 영원히 변치 않는 선을 향해 믿음의 손을 내밀어야 한다.

동기를 파악하라

당신은 자기 자신을 위해서가 아니라 선한 일을 하고 다른 사람들에게 베풀기 위해 부를 원한다고 말한다. 이것이 진심이라면, 부는 당신에게 찾아올 것이다. 당신이 많은 재산을 소유하고 있으면서도 스스로 소유자가 아닌 관리자로 여긴다면, 당신은 정말로 강하고 이타적인 사람이기 때문이다.

찬찬히 당신의 동기를 생각해보라. 다른 사람을 돕기 위해 부를 원한다고 하지만, 사실은 다른 이들의 인정을 바라거나 박애주의자 또는 개혁가 행세를 하고 싶은 욕망이 있기 때문인 경우가 많다.

당신이 지금 돈이 없어서 좋은 일을 하지 않는 것이라면, 더 많은 돈이 생겨도 좋은 일을 하지 않는다. 오히려 더 이기적인 사람이 될 것이다. 돈으로 행한 많은 좋은 일들이 실상은 자기자랑인 그런 사람 말이다.

당신이 진정으로 선을 행하고자 한다면 그것을 실천하기 위해 돈이 생기기를 기다릴 필요가 없다. 당신은 바로 지금 그 일을 할 수 있다. 당신 생각대로 당신이 정말 이타적이라면, 당신은 지금 다른 사람을 위해 자신을 희생함으로써 그 사실을 보여줄 수 있다. 아무리 가난해도 자기가 희생할 여지는 언제든 있는 법이다. 성경에 나오는 과부는 자신이 얼마나 가난한지 생각하지 않고 모든 것을 헌금함에 넣지 않았던가.

정말 선한 일을 하고자 하는 마음은 그 일을 하기 전에 돈을 기다리지 않고 희생의 제단으로 간다. 그곳에서 사사로운 욕심의 무가치한 요소를 버리고 이웃과 이방인, 친구와 적에게 똑같이 복의 기운을 불어넣는다.

결과가 원인에 연결되어 있듯이 번영과 힘은 내면의 선함과 연결되어 있으며, 가난과 나약함은 내면의 악과 연결되어 있다.

이기심을 버리고 선을 베풀라

물질적인 부가 진정한 의미의 부나 지위, 권력을 이루지 못한다. 돈에만 의지하는 것은 미끄러운 길에 서 있는 것과 같다.

진정한 재산은 당신이 쌓은 덕이며, 진정한 힘은 그 덕을 올바르게 사용하는 데에서 나온다. 먼저 당신의 마음을 바로잡아라. 그러면 당신의 삶도 바로잡힐 것이다. 욕망, 증오, 분노, 자만심, 허영, 탐욕, 방종, 게으름, 이기심, 완고함은 모두 가난과 나약함을 불러온다. 반면에 사랑, 순수, 친절, 인내, 동정심, 관대함, 헌신, 자기희생은 모두 부와 힘을 부른다.

가난과 나약함의 요소들을 극복하면 모든 것을 이겨내는 막강한 힘이 내면으로부터 생겨난다. 가장 숭고한 미덕을 자신의 것으로 만드는 데 성공한 사람은 온 세상을 자신에게 복종시킨다.

부자도 불만족스러운 조건들을 가지고 있을 뿐만 아니라 가난한 사람보다 행복에서 더 멀리 떨어져 있을 수 있다. 행복은 외부의 도움이나 소유에 달려 있는 것이 아니라 내적 삶에 달려 있음을 알아보려 한다.

당신이 고용주라고 가정해보자. 그런데 고용인들과의 관계에서 지속적으로 문제가 생기고, 유능하고 성실한 직원을 구해도 금방 당신 곁을 떠난다. 결과적으로 당신은 인간에 대한 신뢰를 잃어버린다. 당신은 임금을 올리고 직원에게 재량권을 더 부여해 문제를 해결하려고 하지만 아무 소용이 없다. 내가 조언을 하나 하겠다.

당신이 어려움에 빠진 이유는 직원들에게 있는 것이 아니라 바로 당신 자신에게 있다. 당신이 자신의 잘못을 발견해 고치겠다는 겸손하고 진지한 자세로 내면을 살펴본다면, 당신은 머지않아 당신이 겪는 불행의 원인을 찾을 수 있다.

그것은 이기적인 욕망이거나 드러나지 않게 품고 있

는 의심 또는 인색한 태도일 수 있다. 그것들은 당신 주위 사람들에게 독을 내뿜고, 비록 당신의 말이나 태도에서 직접적으로 드러나지 않더라도 어쨌든 당신을 통해 드러나게 마련이다. 일하는 사람들에게 친절하고, 그들의 행복과 안위를 고려하라. 당신도 하고 싶지 않은 너무 과중한 업무를 그들에게 요구하지 마라.

선을 베푸는 고용주의 모습을 보며 이기심을 버리고 열심히 일하는 직원들의 겸손함은 참으로 아름답고 귀한 것이다. 그러나 생계를 위해 자신을 따르는 직원들의 행복을 생각하며 노력하는 사람의 영혼은 더 아름답고 신성하다. 그런 사람의 행복은 수십 배 증가하며, 그가 고용한 사람들의 불평소리는 들리지 않는다.

수많은 사람을 고용했으면서 한 번도 직원을 해고하지 않은 어떤 사람이 말했다. "나는 내 직원들과 항상 좋은 관계를 맺고 있다. 그 이유는 바로 다른 사람이 내게 해주길 원하는 대로 그들에게 해주겠다는 것이 처음부터 내 목표였기 때문이라고 말할 수 있다." 바로 이 말에 모든 바람직한 조건을 확보하고 또 모든 바람직하지 않은 조건을 극복하는 비결이 들어 있다.

자기 자신에게서 벗어나라

당신은 자신이 외롭고 사랑받지 못하는 존재이며, 제대로 된 친구 한 명이 없다고 한탄하는가? 그렇다면 당신의 행복을 위해서라도 남이 아닌 바로 당신 자신을 탓하기 바란다. 다른 사람들에게 친절히 대하라. 그러면 친구들이 당신 주위를 둘러쌀 것이다. 스스로 순수하고 사랑스러운 존재가 되기 위해 노력하라. 그러면 많은 사람들에게 사랑받을 것이다.

당신의 삶을 고되게 만드는 조건이 어떤 것이든 당신은 자기정화와 자기극복의 힘을 내면으로부터 개발해 활용함으로써 그것을 극복할 수 있다. 그것이 지긋지긋한 가난이든(여기서 말하는 가난은 자유로운 영혼의 명예인 자발적 가난이 아닌 불행의 원천인 가난이다), 마음에 평안을 주지 못하는 부(富)든, 또는 삶에 어두운 배경을 형성하는 불행이나 슬픔, 가지각색의 근심거리든 간에 당신은 그것들에 생명을 불어넣은 내면의 이기적 요소를 극복함으로써 그것들을 극복할 수 있다.

절대적인 영원의 법칙에 의해 해결하고 용서받아야 할 과거의 생각이나 행동이 있는 것은 문제가 되지 않는다. 그 동일한 법칙으로 우리는 삶의 모든 순간마다 새로운 생각과 행동을 하면서 그것을 좋게 또는 악하게 할 수 있는 힘이 있기 때문이다.

사람이 돈을 잃거나 지위를 상실한다고 해서(자신이 뿌린 대로 거두는 과정으로서) 자신의 꿋꿋한 의지와 정직성까지 잃어버리는 것은 아니다. 사실 진정한 부와 힘과 행복의 원천은 바로 용기와 정직함이다.

자기 자신에게 집착하는 사람은 스스로 적이 되며 또한 적들에게 둘러싸이게 된다. 자신을 버리는 사람은 스스로의 구세주이며 자신을 보호해주는 친구들에게 둘러싸인다. 순수한 마음의 성스러운 광채 앞에서는 모든 어둠이 사라지고 모든 구름 또한 물러나며, 자기를 정복한 사람은 세상을 정복한 것과 같다. 그러므로 자기 자신에게서 빠져나옴으로써 가난에서 벗어나라. 고통에서 벗어나라. 자신에게서 빠져나와 근심과 걱정, 번민과 외로움에서 벗어나라.

오래되어 너덜너덜해진 이기심의 옷을 벗어버리고 보편적인 사랑의 옷을 새로 입어라. 그러면 내면의 행복을 깨닫게 될 것이며, 그것은 그대로 외부의 삶에 반영될 것이다.

자기극복의 길에 확고히 발을 들여놓고 믿음이라는 지팡이의 도움을 받아 자기희생의 길을 걸으면, 분명 번영에 이를 것이다. 풍성하고 영구적인 기쁨과 행복을 누리게 될 것이다.

최고의 선을 추구하는 자들에게는
모든 것이 가장 지혜로운 목적을 향해 움직인다.
어떤 나쁜 것도 찾아오지 않으며, 지혜는
모든 형태의 악을 선으로 바꾼다.

음울한 슬픔이 가린 별이
기쁨으로 빛날 때까지 기다린다.
지옥은 천국에 대기한다. 밤이 지나
멀리서 황금빛 영광이 온다.

패배는 우리가 순수한 의도를 품고
고귀한 목적을 향해 나아가는 과정의 한 단계일 뿐.
손실은 이득을 가져오고,
기쁨은 시간의 언덕을 오르는 진실한 발걸음과 동행한다.

고통은 거룩한 기쁨의 길로,
신성한 생각과 말과 행위의 길로 연결된다.
어둠을 드리우는 구름과 빛나는 광명은,
하늘을 향한 인생의 대로(大路)를 따라 맞닿는다.

불행은 그 길을 구름처럼 덮고
그 길의 끝은
밝고 드넓은 성공의 하늘에서
우리가 그곳을 찾아내어 머무르기를 기다린다.

의심과 두려움의 무거운 장막.
그것은 우리의 희망의 계곡을 뒤덮은
우리 영혼과 맞서 싸우는 마음속 어두움.
눈물 품은 쓰디쓴 결과,
상심과 불행, 그리고 슬픔,

믿었던 마음이 깨져 생겨난 관계의 상처,
이러한 모든 것을 발판 삼아 우리는
믿음의 길로 걸어 올라간다.

사려 깊은 사랑과 연민이 죽음의 나라에서
생명의 나라로 오고 있는 순례자를 마중하러 달려간다.
모든 영광과 선한 것이 기다린다.
순례자가 오기를.

가장 강력한 힘, 생각의 힘

우주에서 가장 강력한 힘은 보이지 않으며, 소리도 없다. 그 힘의 강력함에 따라 바르게 사용하면 이로운 힘이 되고, 잘못 사용하면 파멸을 부른다. 증기나 전기와 같은 역학적인 힘에 이 원리가 적용되는 것은 많은 사람들이 이해하지만, 그러나 이 원리를 마음의 영역에 적용하는 방법을 아는 사람은 많지 않다. 가장 강력한 힘인 생각의 힘은 끊임없이 발생해 구원 또는 파멸의 흐름을 방출한다.

진화의 단계에서 인류는 이 힘을 소유하기 시작했고, 진보의 방향은 이 힘을 완전히 정복하는 쪽을 향해 있다. 지상의 인간에게 가능한 최고의 지혜는 완전한 극기(self-mastery)를 통해서 얻을 수 있다. '네 원수를 사랑하라'는 명령은 자신의 정신적 힘을 소유하고 지배하고 변화시키면서 최고의 지혜를 바로 지금 여기에서 소유하라는 권고다. 인간은 어쩔 수 없이 이기심의 흐름을 따르는 무의식적 힘에 종속되어 있기 때문이다.

히브리의 예언자들은 이 완전한 법칙을 이해했기 때문에, 언제나 외부의 사건을 내면의 생각과 관련지어 해석했고, 국가의 재난이나 번영의 원인을 그 시대에 국가를 지배하는 생각과 욕망에서 찾았다. 생각이 사건을 일으키는 원동력이라는 이해는 그들이 예언한 내용의 기초였으며, 모든 지혜와 힘의 기초이기도 했다.

국가적 사건은 그 나라의 정신적 힘의 작용에서 생겨난다. 전쟁이나 전염병과 기근은 잘못된 생각의 힘이 서로 만나 충돌하는 가운데 법칙의 대리인으로 파멸이 끼어든 최고의 갈등 지점이다. 전쟁이 한 사람에 의해 일어난다는 생각은 어리석은 판단이다. 전쟁은 국가적 이기주의가 만들어낸 극한 공포다.

물질은 객관화된 생각이다

모든 것을 존재하게 하는 것은 보이지도 들리지도 않으면서 무엇보다도 강한 생각의 힘이다. 우주는 생각에서 생겨났다. 물질을 궁극적으로 분석하면 객관화된 생각만이 남는다는 것을 알 수 있다. 인류의 모든 업적은 생각에서 시작해 객관화되었다. 저자, 발명가, 건축가 들은 처음에 생각을 통해 머릿속에서 자신의 작품을 만들고, 작품의 모든 부분을 완벽하게 조화시킨 다음 실제 형태를 만들기 시작한다. 그리고 비로소 물질의 영역이나 감각의 영역에 작품을 내놓는다.

생각의 힘은 우주를 지배하는 법칙과 조화를 이루어 사용될 때 만물을 고양시키고 보호하지만, 그것이 잘못 사용되면 모든 것을 붕괴시키고 자기파괴적인 힘이 된다.

선의 전능함과 주권에 대한 완벽하고 확고한 믿음에 당신의 모든 생각을 맞추는 것은 선과 협력하며 당신 내면의 모든 악을 해체하고 파괴하는 것이다. 믿는 자에게

복이 있다. 여기에 구원의 참 의미가 담겼다. 살아 있는 영원한 선의 빛으로 들어가 그 빛을 실감함으로써 어둠으로부터 구원받고 악을 소멸시킬 수 있다.

두려워하고 걱정하지 말라

두려움, 걱정, 불안, 의심, 근심, 억울함, 실망이 있는 곳에 무지와 믿음의 부족이 있다.

이런 마음의 상태는 모두 이기심의 직접적인 결과이며, 악의 힘과 우월성을 믿는 마음에서 비롯된다. 이런 마음이 실제적인 무신론자를 만들어내는 것이다. 부정적이고 영혼을 파괴하는 정신 상태에 이끌려 사는 것이 진짜 무신론이다.

인류는 그런 상태에서 구원받기를 원한다. 무력하고 굴복당한 상태로 있으면서 구원받았다고 자랑하지 말라.

두려워하거나 걱정하는 것은 저주를 퍼붓는 것만큼이나 사악한 행위다. 영원한 정의, 전능한 선, 무한한 사랑을 믿는 사람이 어떻게 걱정하고 두려워하겠는가. 두려워하고 걱정하고 의심하는 것은 부정하고 불신하는 것이다.

모든 나약함과 실패는 이러한 마음 상태에서 진행된다. 긍정적인 생각의 힘이 없어지고 무너졌음을 보여주기 때문이다. 긍정적인 생각의 힘이 무너지지 않았다면, 목표를 향해 힘차게 나아가 이미 유익한 결과를 가져왔을 것이다.

이런 부정적인 상황을 극복하는 것은 힘이 넘치는 삶으로 들어서는 것이고, 노예 상태를 벗어나 주인이 되는 것이다. 이를 위해서는 꾸준히 내면의 힘과 지식을 키워나가는 수밖에 없다.

마음으로 악을 거부하는 것만으로는 충분하지 않다. 매일 연습하고 극복하며 이해해야 한다. 마음속으로 선을 긍정하는 것만으로는 부족하다. 굳은 노력으로 선으로 들어가 선을 이해해야 한다.

현명하게 자기 통제를 연습하면 내면의 생각의 힘을 빠르게 이해하게 되고, 결국 생각의 힘을 바르게 이용하고 관리할 능력을 갖게 된다. 당신이 자아를 지배하는 정도에 비례해 정신적인 힘을 통제할 수 있으며, 그것에 비례해 일상의 일과 외부 상황을 지배할 수 있게 된다.

상황에 얽매이지 말라

손만 대면 모든 것이 허물어지고 바로 앞의 성공도 거머쥐지 못하는 사람이 있는가? 그는 힘이 결여된 마음의 상태에 지속적으로 머물러 있는 사람이다.

의심의 수렁에 빠져 끊임없이 두려워하며 흔들리는 사람은 성공과 권력이 밖에서 아무리 문을 두드려도 스스로 노예가 되어 노예의 삶을 살아간다. 그런 사람은 믿음이 없고 자제력 또한 없어 자신의 일을 제대로 수행하지 못한다. 그는 상황에 얽매여 현실의 노예가 된다. 그는 외부의 고통을 통해 비로소 깨달음을 얻고 비참한 경험을 한 뒤에야 자신의 나약함을 강인함으로 변화시킨다. 그런 다음 현재의 상황에서 빠져나올 수 있다.

침착함과 평온함을 유지하라

신념과 목표는 삶의 원동력이다. 강한 신념과 굳건한 목표가 있으면 이루지 못할 것이 없다. 일상에서 묵묵히 신념을 실천하면 생각의 힘이 모이고, 매일 목표를 강화시켜나가면 생각의 힘이 성취의 대상을 향해 방향을 지시한다.

인생길에서 당신이 어떤 상황에 있든 어느 정도의 성공과 유능함, 힘을 얻으려면 침착함과 평온함을 길러 생각의 힘을 집중시키는 방법을 배워야 한다. 당신이 사업가인데

예상하지 못한 어려움이나 재난을 당했다고 생각해보자. 당신은 두려움과 불안감에 어찌할 바를 모를 것이다. 그러나 그런 마음 상태를 내버려두어서는 안 된다. 불안한 상태에서는 제대로 된 판단을 하지 못하기 때문이다.

이른 아침이나 조용한 밤에 한두 시간쯤 할애해 아무에게도 방해받지 않을 곳으로 가라. 그곳에 편안히 앉아 당신에게 기쁨과 행복을 주는 것을 떠올리며 당신의 마음이 불안감에서 벗어나게 하라. 차츰 고요하고 평안한 힘이 마음으로 들어와 불안함이 사라질 것이다.

당신의 마음이 걱정이라는 낮은 단계로 내려온 것을 느끼는 순간 스스로 평화와 힘의 영역을 회복하고 있음을 깨달을 것이다. 이때 당신의 온 마음을 어려움을 해결하는 데 집중할 수 있다. 이제 당신이 불안해하던 시간에는 극복하지 못했던 복잡한 문제도 명료해지고, 고요하고 침착한 마음일 때만 갖게 되는 명확한 통찰력과 완벽한 판단력이 생겨 어떤 과정을 추구해야 하고 어떤 결과를 끌어낼 것인지 알게 된다.

매일 노력하라

완벽한 마음의 평온을 위해 당신은 매일 노력해야 한다. 꾸준히 노력한다면 가능할 것이다. 그리고 그 평온의 시간에 마음으로 정한 일들을 반드시 실행에 옮겨야 한다.

일상의 업무에 몰두하다보면 다시 슬금슬금 근심이 당신을 지배하기 시작할 것이다. 그러면 당신은 이미 정한 방침이 잘못되었거나 어리석은 것처럼 생각된다. 그러나 그런 암시에 마음을 두지 말라. 걱정의 그림자에 마음을 두지 말고 고요한 통찰력이 인도하는 대로 철저히 따르라.

고요한 시간은 깨달음과 올바른 판단력이 활동하는 시간이다. 이런 정신 훈련 과정을 거치면 산만해졌던 생각의 힘은 다시 통일되고, 해결되지 못했던 문제들은 생각의 힘에 비추어져 해결의 길로 들어선다.

조용하고 강력하게 생각을 집중하면 그 어떤 어려움

도 해결할 수 있으며, 영혼의 힘을 지혜롭고 올바르게 사용할 때 정당한 목표라면 무엇이든 실현할 수 있다.

내면의 본성을 찬찬히 깊이 들여다보고 그 안에 잠재된 수많은 적들을 물리친 후에야 비로소 생각의 미묘한 힘에 대해, 외부 세계와 생각의 힘의 불가분의 관계에 대해, 그 방향과 균형이 올바르게 잡힌 경우 생각의 힘이 삶의 조건을 재조정하고 변화시키는 과정에서 발휘되는 마법의 힘에 대해 서서히 이해하게 된다.

영혼의 힘을 다스리라

당신이 하는 모든 생각은 방출되는 힘이며, 그것의 속성과 강렬함의 정도에 따라 그 생각은 자신을 잘 받아들이는 정신 속에 머물 곳을 찾는다. 그러고 나서 당신에게 선 또는 악으로 반응할 것이다. 정신과 정신 사이에는 끊임없는 상호작용이 있고 계속해서 생각의 힘이 교류한다.

이기적이고 불온한 생각은 악하고 파괴적인 힘이며, 악마의 사자다. 이는 다른 마음에 차례로 악을 자극하고 키워주며 결국 더 큰 악으로 당신에게 되돌아온다.

평온하고 순수하고 이타적인 생각은 건강과 치유와 축복을 날개에 싣고 세상에 보내지는 천사의 사자다. 악의 힘을 방해하고, 불안과 슬픔의 바다인 세상에 기쁨의 기름을 붓고, 비탄에 잠긴 마음에 불멸의 유산을 회복시켜준다.

선한 생각을 하라. 그것은 곧 우호적인 상황이라는 형태로 외부 세계에서 빠르게 실현될 것이다. 영혼의 힘을 다스리면, 당신의 의지대로 외부 세계를 변화시킬 수 있다. 구세주와 죄인의 차이는 하나다. 구세주는 자기 내부의 모든 힘을 완벽하게 통제하지만, 죄인은 그 힘에 지배당하고 통제된다.

자기통제와 자기정화를 통해서만 진정한 힘과 지속적인 평화를 얻을 수 있다. 자기 성질에 휘둘리면 무능하고 불행하고 쓸모없는 존재가 될 뿐이다. 당신이 사소하게 좋아하는 것과 싫어하는 것, 쉽게 변하는 사랑과 미움의 감정, 어쩔 수 없이 사로잡히게 되는 분노와 의심, 질투 등 모든 변덕스러운 감정을 극복하는 것. 이것은 당신이 행복과 번영이라는 황금실로 인생의 옷감에 수놓으려 할 때 가장 먼저 주어지는 과제다.

당신이 변덕스러운 기분의 노예가 될 때, 당신의 삶은 언제나 다른 사람이나 외부의 도움에 의존할 수밖에 없다. 당신이 확신에 차 안전하게 살면서 어떤 성취를 이루려 한다면, 마음을 어지럽히고 발전을 저지하는 정신적 동요를 제어하는 방법을 배워야 한다.

매일 마음을 안정시키는 습관, 흔히 말하는 '고요 속에 들어가기'를 실천해보라. 그러면 혼란스러웠던 생각에 평화가 찾아오고 나약해졌던 마음이 단단해진다. 그 때 삶의 여러 문제를 해결하고 정신을 집중해 당신이 원하는 일을 잘해나갈 수 있다. 그것은 흩어져 있는 힘을 강력하게 한 방향으로 전환하는 과정이다.

쓸모없는 지류를 하나의 수로로 흐르게 해 버려진 습지를 황금빛 옥수수밭이나 과수원으로 변하게 할 수 있는 것처럼, 마음의 평온을 얻어 생각의 흐름을 절제하고 지배하는 사람은 자신의 영혼을 구원하고 마음과 생활을 풍요롭게 한다.

욕망을 다스려라

당신이 생각과 충동을 잘 조절할 때, 고요한 평정의 힘이 당신 안에서 성장하는 것을 느낄 것이다. 그리하여 침착함과 안정된 힘이 항상 유지될 것이다. 당신의 잠재능력이 잠에서 깨어나 예전에는 무력해 보였던 당신의 노력이 이제 성공을 보장하는 진정한 자신감으로 변화해 그 힘을 발휘하기 시작할 것이다.

이 새로운 능력과 함께 '직관'이라는 내적 깨달음이 새롭게 일어나 당신은 더 이상 어두움과 추측에서 헤매지 않고 빛과 확신 속에 걸어갈 것이다.

이 영혼의 시력이 계발되면 판단력과 통찰력이 끝없이 확장해 앞으로 닥쳐올 일과 노력의 결과까지 정확히 예측하게 된다.

그리고 내면이 바뀐 만큼 삶에 대한 전망도 바뀌게 된다. 다른 사람을 대하는 당신의 태도가 바뀌면 당신을 대하는 그들의 태도 또한 바뀐다. 당신이 열등하고 파괴적인 생각의 힘을 극복하면, 강하고 순수하고 고귀한 정신이 만들어낸 긍정적인 힘을 강화하는 발전된 기류와 만나게 된다. 이제 당신의 행복은 헤아릴 수 없을 만큼 커지고, 자제력을 통해서만 생겨나는 기쁨과 정신력, 힘을 실감하기 시작할 것이다.

이러한 기쁨과 정신력, 힘은 계속해서 당신에게서 발산되어 당신이 굳이 노력하지 않아도 의식하지 못하는 사이에 강한 사람들이 당신 주위로 몰려들 것이다. 이제 당신은 영향력을 발휘하는 사람이며, 당신의 정신세계가 변화된 만큼 외부 상황도 달라질 것이다.

유능하고 강하고 행복한 존재가 되고 싶다면, 부정적이고 인색하고 불순한 생각의 흐름을 중단해야 한다. 현명한 가장이 종을 다스리고 손님을 초대하는 것처럼, 당신은 욕망을 다스리고 영혼의 저택에 어떤 생각을 손님으로 받아들일지 권위 있게 명령하는 법을 배워야 한다. 극기를 실천하는 데 있어 아주 작은 성취로도 우리의 정신력은 크게 확장하며, 이 숭고한 일을 성공적으로 완수한 사람은 꿈에도 생각하지 못했던 지혜와 정신력과 평화를 소유하게 된다. 그리고 우주의 모든 힘이 자신의 영혼을 지배하는 사람의 발걸음을 도와주고 보호한다는 사실을 알게 된다.

당신이 하늘 높이 오를 것인지

저 낮은 지옥까지 내려갈 것인지는,

항상 아름다운 꿈과 이상을 품고 사는지

비열한 생각에 머무는지에 달려 있다.

당신의 생각은 당신 위의 하늘이며

또한 당신 아래의 지옥이기 때문이다.

행복은 생각 밖에 존재하지 않는다.

고통 또한 생각을 통해서만 알 수 있다.

생각이 없으면 세상도 없다.

영광은 실현되지 않은 꿈이며

역사라는 드라마는

영원한 생각의 흐름에서 나온다.

존엄과 수치와 슬픔,

고통과 고뇌, 사랑과 미움은

운명을 지배하는

약동하는 강력한 생각의 외관일 뿐이다.

무지개의 일곱 빛깔이

무색(無色)의 한 광선을 이루듯
우주의 변화 또한 그렇게
영원한 하나의 꿈을 이룬다.

그리고 그 꿈은 당신 안에 있는 모든 것이다.
몽상가는 오랫동안
아침을 기다린다.
이상을 실현하고 지옥의 꿈을 사라지게 할
강하고 활기찬 생각으로 그를 깨워줄 아침을.
순수하고 완벽한 영혼은
가장 높고 신성한 천국에 거주한다.

악을 향한 생각이 악이고
선을 향한 생각이 선이다.
빛과 어두움, 죄와 순수함도
마찬가지로 생각에서 생겨난다.
가장 위대한 것을 향하는 생각에 머물라.
그리하면 당신은 가장 위대한 것을 볼 것이다.
당신의 마음을 가장 고귀한 것에 고정시켜라.

그리하면 당신은 가장 고귀한 존재가 될 것이다.

건강과 성공과 강인함의 비밀

어린 시절 읽은 동화가 선사한 강렬한 기쁨을 기억할 것이다. 위기의 순간마다 교활한 마녀나 잔혹한 거인, 또는 사악한 왕의 음모에서 언제나 보호받던 착한 소년 소녀의 운명을 우리는 얼마나 열심히 알고 싶어했던가. 우리의 어린 마음은 주인공이 결코 운명에 비관하지 않고 끝까지 싸워 모든 적을 물리치고 승리하리라는 것을 의심하지 않았다. 우리는 요정들이 절대로 잘못하지 않는다는 것을 알았고, 그들이 선과 진실의 편에 선 사람들을 저버리지 않는다는 것을 알았기 때문이다.

또한 결정적인 순간에 여왕이 나타나 신기한 마법으로 어둠과 고통을 몰아내고 모든 문제를 해결한 뒤 우리의 주인공들이 오래오래 행복하게 잘 살았다는 말로 이야기가 끝나면, 우리의 가슴은 말할 수 없는 기쁨으로 두근거렸다.

세월이 흘러 소위 삶의 현실과 점점 더 깊이 관계를 맺으면서 우리의 아름다운 동화 세계는 사라져버렸고, 신기했던 동화 속 주인공들도 실재하지 않는 상상으로 기억 속에만 존재하게 되었다. 우리는 보통 어린 시절 꿈의 세계를 떠나는 것이 강하고 현명해지는 성장과정이라고 생각한다. 그러나 놀라운 지혜의 세계로 돌아가 다시 아이가 될 때, 우리는 용기와 영감을 주는 어린 시절의 꿈이 결국 현실임을 알게 된다.

요정들은 아주 작고 평소엔 눈에 보이지도 않는 동화 속 존재이지만 모든 것을 이겨내는 마법의 힘을 가졌고, 선한 이들에게는 건강과 부와 행복은 물론 자연의 선물까지 풍부하게 선사한다. 그들은 지혜가 자라나 생각의 힘과 존재의 내면세계를 지배하는 법칙을 이해하는 사람들의 정신 속에서 현실이 되고 불멸의 존재가 된다. 그리하여 우주를 지배하는 선과 조화를 이루어 생각의 전령, 생각의 힘으로서 사람들에게 도움을 준다. 날마다 자신의 마음이 궁극적인 선의 마음과 조화를 이루도록 노력하며 사는 사람들은 진정한 건강과 부와 행복을 얻는다.

선한 생각에 머물라

선한 마음만큼 인간을 확실하게 보호해주는 것은 없다. 여기서 '선한 마음'은 단순히 도덕 규범에 순응하는 태도가 아니다. 순수한 생각과 고귀한 포부, 이타적인 마음, 그리고 자만심으로부터의 자유를 의미한다. 선한 생각 속에 지속해 머무는 사람의 주위에는 사랑스럽고 힘찬 분위기가 감돈다. 그래서 그 분위기에 접하는 사람들 모두 감명을 받게 된다.

떠오르는 태양이 무력한 어두움을 몰아내듯, 무능한 악의 힘은 순수함과 믿음 속에서 강해진 마음으로부터 발산되는 긍정적인 생각의 광선에 의해 흩어진다.

타협하지 않는 순수함과 단단한 믿음이 있는 곳에 건강이 있고, 성공과 강인함이 있다. 질병과 실패, 재난은 그런 사람에게서 머물 곳을 찾지 못한다. 자양분으로 삼을 만한 것이 아무것도 없기 때문이다.

병은 마음에서 시작된다

우리 몸의 상태도 대부분 정신 상태에 의해 결정된다. 이것은 과학계에서도 주목하고 있는 현상이다. 몸의 조건과 현상이 정신 현상을 결정한다는 과거의 유물론적 믿음은 점점 힘을 잃고 있다. 대신 인간의 정신이 육체보다 우월하며 생각의 힘으로 몸의 현상을 좌우할 수 있다는 고무적인 믿음이 널리 퍼지고 있다. 사람들은 이제 아프기 때문에 절망하는 것이 아니라 그가 절망하기 때문에 아프다는 것을 이해하기 시작했다. 모든 질병이 그 기원을 마음에 두고 있다는 사실이 머지않아 보편적 믿음이 될 것이다.

이 우주에 악은 없다. 다만 인간의 마음에 악의 뿌리와 원인이 존재할 뿐이다. 인간의 죄와 질병, 슬픔과 고통은 실제로 우주의 보편적 질서에 속한 것이 아니며 사물의 본성에서 나온 것도 아니다. 그것은 사물의 올바른 관계에 대한 우리의 무지에서 비롯된 것이다.

전해오는 이야기에 따르면, 인도에는 절대적인 청결과 단순한 삶을 추구한 철학 유파가 있었다고 한다. 이들은 평균 150세까지 살았고, 병에 걸리는 것을 용서받을 수 없는 수치로 여겼다. 그것은 자연의 법칙을 위반한 증거라고 생각했기 때문이다.

사람의 질병은 격노한 신의 벌이나 현명하지 않은 섭리의 시험이 아니다. 그것은 우리 자신의 잘못이나 죄의 결과다. 그것을 빨리 알고 인정해야 건강해질 수 있다. 스스로 병을 불러들이는 사람, 몸과 마음이 병을 잘 받아들이는 사람에게 질병은 찾아온다. 순수하고 긍정적인 생각으로 치유와 생명의 기운을 만드는 사람들에게서 질병은 멀리 도망가버린다.

부정적인 감정이 병을 부른다

당신이 질투와 분노, 탐욕과 걱정 등 조화롭지 않은 정신 상태에 있으면서 완벽한 건강을 기대한다면, 불가능한 것을 기대하는 것이다. 당신은 이미 질병의 씨앗을 마음에 파종했기 때문이다. 현명한 사람이라면 그런 마음의 상태가 전염병에 오염된 집이나 지저분한 하수구보다 훨씬 더 위험하다는 것을 안다.

모든 질병의 고통과 아픔에서 해방되어 완벽한 신체의 건강을 원한다면, 먼저 마음을 바르게 하고 생각을 조화롭게 정리해야 한다. 즐겁고 사랑 가득한 생각을 해야 한다. 선한 생각과 영혼을 풍요롭게 하는 마음이 당신의 혈관을 흐르게 하라. 그러면 따로 약이 필요 없다.

시기심과 의심, 걱정과 증오, 방종을 버려라. 바로 소화불량, 피로, 두통과 관절통이 사라질 것이다. 나약하고 음험한 마음의 습성을 버리지 않으면 질병에 걸려도 불평할 수 없을 것이다. 다음 이야기는 마음과 몸의 밀접한 관계를 잘 보여준다.

고통스러운 질병에 시달리는 한 남자가 있었다. 그는 유명한 의사들을 다 찾아다녔지만 아무 소용이 없었다. 하루는 치유의 물로 유명한 마을을 방문해 목욕했는데, 역시나 이번에도 별 차도가 없었다. 기대가 컸기에 어느 때보다 더 마음이 괴로웠다. 그런데 그날 밤 꿈에 어떤 존재가 그에게 다가와 말했다.

"그대는 모든 치료 방법을 시도해보았는가? "

"네, 그렇습니다."

"그대가 알지 못하는 치유의 연못이 있으니 나와 함께 가보자."

남자는 괴로워하며 꿈속의 그 존재를 따라갔다. 이윽

고 깨끗한 물웅덩이에 다다랐다.

"이 물에 몸을 담그면 반드시 나을 것이다."

이렇게 말하고 꿈속 현자는 사라졌고, 남자는 그 물에 몸을 담그는 순간 병이 자신의 몸을 떠났음을 알았다. 그때 그의 눈에 '포기하라' 라는 글자가 들어왔다.

잠에서 깨어난 남자는 꿈의 의미를 되새겨보았다. 그리고 자신이 지금까지 방종한 생활로 인해 몸의 기력을 빼앗겨왔음을 깨달았다. 그는 이제까지의 생활방식을 포기하기로 마음먹었다. 그렇게 마음먹은 날부터 그의 몸의 고통은 완화되기 시작했고, 결국 그는 완전히 건강을 회복했다.

건강과 성공은 함께 다닌다

많은 사람들이 과도한 업무로 인해 건강이 나빠졌다고 불평한다. 그러나 대부분의 경우 자신의 에너지를 어리석게 낭비해 건강이 나빠진 것이다. 건강을 지키기 위해서는 충돌과 불화를 일으키지 말아야 한다. 걱정하거나 흥분하거나 사소한 일로 속을 끓이는 것은 모두 몸을 고장 내는 행위다.

육체노동이든 정신노동이든 노동은 모두 인간에게 건강을 가져다주는 유익한 것이다. 모든 불안과 걱정을 떨쳐버리고 꾸준하고 묵묵하게 일하는 사람, 당면한 일에 마음을 쏟아 치열하게 일하는 사람은 늘 걱정하면서 서두르는 사람보다 훨씬 많은 것을 성취할 뿐만 아니라 건강도 잘 유지한다.

진정한 성공과 건강은 늘 함께 다닌다. 그 둘은 생각의 영역에서 밀접하게 얽혀 있기 때문이다. 정신이 조화로울 때 몸이 건강한 것처럼, 건강한 몸은 정신이 계획한 일이 현실에서 조화롭게 실현되도록 돕는다.

생각을 정리하면 인생도 질서정연해진다. 격정과 편견의 사나운 바다에 평온의 기름을 부어라. 당신의 영혼이 삶의 바다를 건널 때 아무리 위협적인 불행의 폭풍우가 몰아쳐도 당신의 배를 부수지 못할 것이다. 그리고 그 배가 밝고 흔들림 없는 믿음으로 조종된다면, 많은 위험이 스쳐 지나가도 항해는 더욱 안전해진다. 믿음이 없으면 여러 위험이 배를 공격해올 것이다.

담대한 믿음을 가져라

모든 위대한 업적은 믿음의 힘으로 이루어진다. 신에 대한 믿음, 우주의 법칙에 대한 믿음, 자신의 일에 대한 믿음, 그리고 그 일을 수행하는 자신의 능력에 대한 믿음은 당신이 쓰러지지 않고 목적을 달성하기 위해 기초로 삼아야 할 반석이다.

어떤 상황에서도 내면의 가장 숭고한 충동을 따르는 것, 자신의 고귀한 자아에 언제나 충실한 것, 마음의 목소리와 마음의 빛에 의지하는 것, 대담하고 평온한 마음으로 자신의 목적을 추구하는 것, 미래가 자신의 모든 생각과 노력에 답할 것이라고 믿는 것, 우주의 법칙은 절대 오류가 없다는 것과 자신이 생각한 것은 정확히 자신에게 돌아올 것임을 아는 것, 이것이 믿음이고 믿음의 삶이다.

이런 믿음의 힘은 불확실성이라는 어두운 바다를 가르고, 어려움이라는 산을 무너뜨려 믿음을 가진 영혼이 무사히 지나가게 한다.

그러니 무엇보다 담대한 믿음을 갖기 위해 노력하라. 그것이야말로 행복과 성공과 평화와 힘의 부적이며, 우리의 인생을 단순한 고생 이상의 훌륭한 것으로 만드는 모든 것의 부적이기 때문이다. 이러한 믿음에 기초할 때 당신은 결국 영원한 반석 위에 영원한 재료로 삶을 펼쳐 나가는 것이다. 그렇게 세우는 삶의 구조물은 종국에는 사라질 물질적 사치와 재물의 축적을 초월한 것이기 때문에 절대로 무너지지 않는다.

깊은 슬픔에 빠졌을 때나 기쁨의 절정에 차올랐을 때나 항상 이 믿음을 움켜쥐고 있으라. 그 믿음을 피난처의 바위로 삼고 불멸의 움직이지 않는 기본으로 유지하라. 이런 믿음에 중심을 두는 한 당신은 온갖 악의 에너지를 유리 장난감처럼 깨뜨릴 수 있다. 그리고 세속적인 이익을 추구하는 사람들은 알 수도, 꿈꿀 수도 없는 성공을 이룰 것이다.

"너희가 믿고 의심하지 않으면, 이 무화과나무에 한 일을 너희도 할 수 있을 뿐 아니라, 이 산더러 '들려서 바다에 빠져라' 하고 말해도 그렇게 될 것이다."(신약성경 마태복음 21장 21절, 새번역)

믿음은 성공을 부른다

이 믿음의 힘을 깨닫고 하루하루를 이 믿음 속에서 이 믿음에 의해 사는 사람들이 있다. 그들은 이 믿음을 최대한도로 시험해보고서 믿음의 영광과 평화를 소유한 사람들이다. 그들은 믿음의 명령으로 슬픔과 실망의 산, 정신적 피로와 신체적 고통의 산을 망각의 바다로 던져버린 사람들이다.

이 믿음을 갖게 되면, 성공과 실패를 걱정하지 않아도 성공이 찾아올 것이다. 올바른 생각과 노력이 결국 올바른 결과를 가져온다는 것을 알면, 결과에 대한 염려 없이 즐겁고 평화롭게 일할 수 있다.

나는 행복하고 만족스러운 삶을 살아가는 한 여인을 알고 있다. 한 친구가 그 여인에게 말했다. "넌 운이 참 좋은 것 같아. 뭐든 원하는 건 다 이루어지니…."

겉으로는 그렇게 보였다. 하지만 실상은 다르다. 그 여인의 삶에 들어온 모든 행복은 그가 평생 열심히 단련해온 내면의 행복이 낳은 결과다. 단순히 바라기만 하면 실망 외에는 아무것도 얻지 못한다. 중요한 것은 실제로 어떻게 살아가느냐다. 어리석은 자는 바라기만 하고 불평하는 반면, 지혜로운 자는 묵묵히 일하면서 기다린다.

그 여인은 열심히 일했고 자신의 감정과 마음도 정성을 다해 가꿨다. 영혼의 보이지 않는 손으로 믿음과 희망, 기쁨과 헌신, 사랑의 보석으로 아름다운 빛의 신전을 마음에 세웠다. 그 신전의 찬란한 빛은 항상 여인의 주위에 머물렀고, 눈 속에서 빛났으며, 여인의 목소리와 용모를 통해서도 발산되었다. 그 여인을 만나는 모든 사람들이 그 빛의 마법에 이끌렸다.

내 운명은 내가 만든다

당신도 그 여인처럼 할 수 있다. 당신은 당신의 성공과 실패, 영향력, 당신의 인생 전체를 항상 지니고 다니는 것이다. 당신 생각의 지배적인 경향이 당신의 운명을 결정하는 주된 요인이기 때문이다. 다정하고 순수하고 행복한 생각을 내보내면 축복이 당신의 손에 쥐어질 것이며 식탁은 평화의 천으로 덮일 것이다. 그러나 증오하는 마음을 품고 불순하고 불행한 생각을 내보내면, 저주가 비처럼 당신에게 내려올 것이다. 당신은 두려움과 불안 속에 잠들 것이다.

어떤 운명이 되든 당신은 당신 운명의 절대적 창조자다. 당신은 매 순간 인생의 성공과 실패를 좌우할 영향력을 바깥 세계로 내보내고 있다. 관대하고 다정하고 이타적인 마음을 가지면 비록 크게 돈을 벌지 못해도 당신의 영향력과 성공은 오래 지속될 것이다. 그러나 이기심이라는 좁은 생각 속에 마음이 머문다면, 설사 백만장자가 되더라도 당신의 영향력과 성공은 결국 보잘것없는 것으로 판명될 것이다.

순수하고 이타적인 정신을 키우고 순수성과 믿음에 단일한 인생의 목표를 결합하면 건강과 지속적인 성공뿐만 아니라 위대함과 강인함까지 얻게 될 것이다.

작은 일도 완벽하게 해내라

당신의 현재 위치가 만족스럽지 않고 일이 마음에 들지 않아도 세심하게 노력하며 임무를 수행하라. 더 나은 지위와 기회가 당신을 기다리고 있다고 생각하며 새로운 가능성을 적극적으로 예측하고 전망하라. 그래야 결정적인 순간이 왔을 때 지성과 통찰력으로 완벽하게 준비된 상태에서 새로운 길로 들어설 수 있다.

맡은 일이 어떤 것이든 간에 그 일에 마음을 집중하고 모든 에너지를 기울여야 한다. 작은 일을 완벽하게 해내면 반드시 더 큰 일을 할 수 있는 기회가 생긴다. 꾸준한 노력으로 상승을 향해 나아가며 퇴보하지 않도록 주의하라. 어리석은 자는 육체적 방종과 경솔한 언행, 어리석은 잡담, 이기적인 논쟁으로 자신의 정신 에너지와 영적 에너지를 고갈시킨다.

흔들리지 않는 굳건함

압도적인 힘을 갖고 싶다면 마음의 균형과 냉정함을 계발해야 한다. 또한 홀로 설 수 있어야 한다. 모든 힘은 부동성(不動性)과 관련되어 있다. 거대한 산과 바위, 폭풍을 견딘 참나무는 고독하지만 웅장함과 굳건함으로 우리에게 힘의 의미를 보여준다. 반면에 밀려다니는 모래, 부러진 나뭇가지, 흔들리는 갈대는 움직이며 저항하지 않고 무리에서 떼내면 아무 쓸모가 없어지기에 나약함의 상징이다.

힘 있는 사람은 주위 사람들이 감정과 열정에 흔들릴 때도 냉정하고 침착한 태도를 유지한다. 자신을 제어하고 지휘할 수 있는 사람만이 타인을 제어하고 지휘할 수 있다. 신경질적이고 두려움 많고 사려 깊지 못하며 경박한 자는 친구를 찾아야 한다. 그들은 지탱해줄 친구가 없으면 타락하기 쉽기 때문이다. 그러나 차분하고 두려움이 없으며 사려 깊고 진지한 자는 숲과 사막, 산꼭대기의 고독을 추구하라. 그러면 이미 가진 힘에 더 큰 힘이 더해

져 인간들이 흔히 빠지기 쉬운 심리적 동요와 혼란으로부터 성공적으로 탈출할 것이다.

격정은 힘이 아니다. 그것은 힘의 남용이며 힘의 분산이다. 격정은 튼튼한 성벽의 바윗돌에 휘몰아치는 폭풍우와 같다. 그러나 힘은 그 격렬한 폭풍우 속에서도 끝까지 고요하게 남아 있는 바윗돌과 같다.

마틴 루터가 보름스에 가려 했을 때 많은 친구들이 그의 안전을 걱정하며 반대했다. 친구들의 반대가 수그러들지 않자 그는 말했다. "저 지붕 위의 기와만큼 많은 악마가 보름스에 있다 해도 나는 갈 것이다." 이 말은 마틴 루터의 진정한 힘의 표현이었다.

벤자민 디즈레일리는 자신의 첫 의회 연설에서 실패했을 때 비웃는 의원들에게 이렇게 외쳤다. "언젠가 당신들이 내 연설 듣는 걸 명예로 여길 날이 올 것이다." 그의 말은 막 싹을 틔운 힘을 보여준다.

계속되는 실패와 불운을 겪어야 했던 디즈레일리는 친구들에게 비웃음에 더해 더 이상 노력해도 소용없으니 단념하라는 말까지 들었다. 하지만 그는 의연하게 대답했다. "당신들이 내 행운과 성공에 감탄할 때가 머지않았다." 이것은 그가 수많은 어려움을 극복하고 성공해 마침내 자신의 인생을 빛나게 할, 고요하고 흔들리지 않는 힘을 소유한 사람임을 보여주는 예화다.

하찮은 것 몰아내기

지금 당장 힘이 없어도 누구든 꾸준한 연습과 훈련을 통해 힘을 얻을 수 있다. 힘의 시작은 지혜의 시작이기도 하다. 당신은 지금까지 무익하고 하찮은 일에 기꺼이 자신을 낭비해왔지만, 그것을 극복함으로써 힘을 축적해나가야 한다. 거칠고 자제력 없는 웃음, 비방과 쓸모없는 이야기, 그리고 단지 웃음만을 유발하는 농담은 당신의 귀중한 에너지를 모두 쓰레기로 만들어버린다.

사도 바울은 에베소 사람들에게 '어리석은 말과 유치한 농담'을 하지 말라고 경고했다. 이는 인간의 진보와 관련된 숨겨진 법칙을 꿰뚫은 멋진 통찰이다. 이런 습관이 몸에 배면 정신적인 힘과 영적인 삶이 모두 파괴되기 때문이다.

이렇게 정신을 산란시키는 행위를 하지 않을 때 비로소 당신은 진정한 힘이 무엇인지 이해하고, 영혼을 속박하고 강인함에 이르는 길을 가로막는 더 강력한 욕망들과 싸우기 시작할 것이다. 이때 진보 또한 분명 이루어질 것이다.

하나의 목표

무엇보다 중요한 것은 단 하나의 인생 목표를 세우는 것이다. 그 목표는 정당하고 유용한 것이어야 한다. 그다음 어떤 것에도 눈을 돌리지 말고 목표를 향해 헌신하라.

"결단을 내리지 못하는 사람은 어떤 길을 가든 흔들리기 쉽다"는 사실을 기억하라. 열심히 배우고 다른 이에게 의존하지 말라. 자신의 일을 철저히 이해하고 완전히 자신의 것으로 만들어라. 절대적으로 신뢰할 만한 안내자인 내면의 소리를 따르며 나아갈 때, 당신은 매번 승리할 것이며 차츰 더 높은 곳으로 올라갈 것이다. 당신의 시야 또한 끊임없이 확장해 인생의 본질적인 아름다움과 목적을 보게 될 것이다.

자신을 정화하라. 건강이 찾아올 것이다. 극기하라. 힘이 생길 것이며 당신이 하는 모든 일이 잘될 것이다. 예전에는 위대한 법칙과 따로 떨어져 자신의 노예로 살았지만 이제 우주의 위대한 법칙과 조화를 이루어 보편적인 생명과 영원한 선에 저항하지 않고 협력하기 때문이다. 이제 건강은 당신과 함께할 것이고 당신이 이룬 성공은 모든 세속적 계산을 초월해 결코 쇠퇴하지 않을 것이다. 그리고 당신의 영향력과 힘은 여러 시대에 걸쳐 계속 발휘될 것이다. 그것은 우주를 지탱하는 불변의 원리의 일부이기 때문이다.

건강의 비밀은 '순수하고 정돈된 마음'이다. 성공의 비밀은 '확고한 믿음과 현명하게 설정된 목표'다. 그리고 흔들리지 않는 의지로 욕망이라는 검은 말의 고삐를 단단히 움켜쥐는 것, 이것이 바로 힘의 비밀이다.

위대한 행복의 비밀

행복에 대한 인간의 갈망은 행복의 결핍만큼이나 크다. 가난한 사람들은 대부분 재물이 그들에게 궁극적인 행복을 가져다주리라고 믿기 때문에 간절히 재물을 바란다. 그러나 부자들 중 상당수가 모든 욕망과 충동을 만족시킨 후에도 권태와 포만감으로 괴로워한다. 심지어 그들은 가난한 사람들보다 더 불행해 보일 때도 있다.

세상이 돌아가는 모습을 가만히 들여다보면, 궁극적인 행복은 단순한 물질의 소유에서 오는 것이 아님을, 고통이 단순히 물질적 소유의 결핍에서 오는 것이 아님을 알게 된다. 그렇지 않다면, 가난한 자는 항상 불행하고 부자는 언제나 행복해야 할 텐데, 우리는 그 반대의 경우도 자주 보지 않는가.

내가 아는 가장 밝고 행복한 사람 중에는 근근이 생활을 유지할 정도로 가난한 이들도 있고, 내가 아는 가장 불행한 사람 중에는 부와 사치에 둘러싸인 이들도 있다. 부자가 된 많은 사람이 재산을 모은 후 이기적인 만족을 추구하는 가운데 삶의 달콤함을 잃어버렸다고, 그래서 오히려 가난할 때보다 행복하지 않다고 고백했다.

행복과 불행의 원천

행복이란 무엇일까? 어떻게 행복을 지킬 수 있을까? 행복은 단지 허구와 착각일 뿐이며, 우리에게 허락된 건 고통뿐일까?

깊은 자기성찰과 진지한 관찰 이후 지혜의 길에 들어선 몇몇 사람들을 제외한 대부분의 사람들은 행복이란 욕망을 채울 때 비로소 얻을 수 있는 것이라고 생각한다. 이런 무지의 토양에 뿌리를 두고 이기적인 욕망으로 계속 강화되는 이 믿음이야말로 세상 모든 불행의 원천이다.

욕망이라는 단어를 비천한 동물적 갈망으로만 제한해 생각해서는 안 된다. 더 고차원적인 영역에서 훨씬 강력하고 미묘하고 교활한 욕망이 세련된 지성인들을 속박해 그들 영혼의 모든 아름다움과 조화와 순수를 박탈한다. 영혼의 이러한 속성들이야말로 행복의 원천인데 말이다.

대부분의 사람들이 이기심을 모든 불행의 원인이라고 인정하면서도 자신의 이기심이 아닌 다른 사람들의 이기심 때문에 자신이 불행하다는 망상에 빠져 있다. 이는 자기 영혼을 파괴하는 짓이다. 자신의 불행이 자신의 이기심이 빚은 결과라는 사실을 인정할 때, 당신은 천국의 문에서 그리 멀리 있지 않다. 그러나 다른 사람들의 이기심이 당신에게서 기쁨을 빼앗아갔다고 생각하는 동시에 당신은 스스로 만든 지옥의 포로가 된다.

행복은 기쁨과 평화가 솟아나는 완벽한 정신적 만족 상태이며, 그 상태에서는 모든 욕망이 사라진다. 욕망을 채움으로써 찾아온 만족 상태는 짧고 헛되며 언제나 더 큰 만족감을 요구한다.

욕망은 결코 만족을 모른다. 그 요구가 받아들여질수록 점점 더 소리 높여 더 많이 요구한다. 욕망은 자신에게 현혹된 열광적 추종자들을 더욱 강렬히 이끌며, 마침내 추종자들은 육체적 정신적 고통으로 쓰러지고 시련이라는 정화의 불 속에 던져진다.

욕망은 지옥의 영역이다. 인간의 모든 고통과 고뇌가 여기에서 비롯된다. 그러므로 욕망을 포기하는 것은 천국을 실현하는 것이다. 모든 기쁨이 거기에서 기다리고 있다.

나는 저 하늘 높이 내 영혼을 보냈고
거기에서 내세의 편지를 읽었다.

이윽고 내 영혼은 돌아왔고

속삭였다. 나 자신이 천국이며 지옥이라고.

천국과 지옥

천국과 지옥은 마음의 상태다. 자아에 몰입해 자신의 욕망만 채운다면 지옥에 떨어질 것이며, 그러한 의식을 초월해 자아를 잊고 부정한다면 천국에 들어갈 것이다.

자아는 맹목적이고 판단력과 참된 지식이 결여되어 언제나 우리를 고통으로 이끈다. 바른 인식, 공정한 판단, 참된 지식은 신적 의식 상태에 속했고, 우리가 이 신적 의식에 도달할 때 비로소 진정한 행복이 무엇인지 알 수 있다.

이기적으로 자신만의 행복을 계속 추구하면, 어느새 행복은 멀어지고 당신은 불행의 씨를 뿌리고 있을 것이다. 반면에 지금까지 당신이 다른 사람을 위해 봉사하며 자아를 잊고 살았다면, 머지않아 행복을 수확할 것이다.

사랑을 받기보다 주게 되면
행복의 마음이 찾아온다.
선물을 받기보다 주게 되면
마침내 추구하던 것을 찾을 수 있다.

당신이 원하는 것, 필요한 것 모두를
아낌없이 내주라.
영혼은 만족하고
삶은 풍요로워질 것이다.

얻기 위해 포기하라

자아에 집착하면 슬픔이 떠나지 않지만 자아를 포기하면 평화가 찾아온다. 이기적으로 얻으려고만 하면 기뻠뿐 아니라 기쁨의 원천까지 잃어버린다. 대식가가 끊임없이 새로운 요리를 찾으면서 그것으로 둔해진 자신의 미각을 자극하는 것을 보라. 그는 결국 지속적인 과식으로 인해 건강이 나빠지고 병에 걸려 어떤 음식도 제대로 즐겁게 먹지 못할 것이다.

반면에 식욕을 절제하고 미각이 주는 즐거움에 탐닉하지 않는 사람은 평범하고 검소한 식사에서도 즐거움을 찾는다. 욕망을 만족시킬 때 행복이 찾아온다고 흔히 사람들은 생각하지만, 막상 그것을 붙잡고 보면 불행의 해골임이 드러난다. 진실로 "자신의 생명을 아끼면 잃을 것이고, 진리를 위해 생명을 잃으면 찾을 것이다."

당신이 이기적인 집착에서 벗어나 자발적으로 포기할 때 영원한 행복이 찾아올 것이다. 당신에게 소중하지만 언젠가는 떠나갈 일시적인 것들을 포기하면, 그것이 지금은 고통스러운 상실이겠지만 결국에는 최상의 이익이 됨을 깨달을 것이다. 얻기 위해 포기하는 것, 기꺼이 양보하고 손실을 감수하는 것이 참으로 생명의 길이다.

행복을 찾아서

본질상 언젠가는 사라질 것들을 마음의 중심에 두고서 진정한 행복을 찾을 수 있을까? 진정한 행복은 영원한 것을 마음의 중심에 둘 때 찾을 수 있다.

일시적이고 순간적인 것들에 대한 갈망과 집착을 벗어나면 영원의 의식에 들어갈 것이다. 그리고 자아를 초월한 순수성, 자기희생, 보편적 사랑의 정신이 점점 더 자라나 의식의 중심이 될 때, 당신은 누구도 뺏을 수 없는 굳건한 행복을 실현할 것이다.

타인에 대한 사랑을 한 치의 사심도 없이 실천할 때 그는 가장 큰 행복을 소유할 뿐만 아니라 영원한 생명에 들어서는 것이다. 그 마음이 이미 신성을 실현했기 때문이다. 당신의 인생을 돌아보라. 최고로 행복했던 순간이 언제였는가? 사심 없는 사랑과 연민에서 우러나온 말과 행동을 실천했을 때임을 발견할 것이다.

영적 견지에서 행복과 조화는 같은 것이다. 조화는 우주를 지배하는 위대한 법칙 중 하나이며 사랑은 그 법칙의 정신적 표현이다. 모든 이기심은 부조화이며 이기적인 마음은 신의 질서에서 벗어나 있는 것이다. 우리는 자아의 부정이기도 한 우주적 사랑을 실현할 때 신성한 음악과 우주의 노래, 말로 표현할 수 없는 성스러운 멜로디에 자신을 조화시킬 수 있다.

사람들은 행복을 찾아 여기저기 맹목적으로 달려가지만 그것을 찾지 못한다. 이미 행복이 온 우주를 채우고 있어서 자신의 주위에 있다는 사실을, 자신이 이기적인 추구로 행복을 차단하고 있다는 사실을 깨닫기 전까지 계속 방황할 것이다.

행복의 비밀

나는 행복을 갖기 위해 행복을 따라갔다.

우뚝 솟은 참나무와 담쟁이덩굴을 지나서.

행복은 도망가고 나는 쫓아갔다.

경사진 언덕과 골짜기를 넘어,

들판과 초원을 지나 보라색 계곡과

흐르는 시냇물을 따라

독수리가 우는 아득한 절벽을 지났다.

나는 아주 빠르게 모든 땅과 바다를 통과했지만

언제나 행복이 나를 피해 달아났다.

지치고 마음 약해진 나는 더는 쫓아가지 못했고

불모의 땅에 주저앉았다.

그때 누군가 다가와 음식을 달라며 손을 내밀었다.

나는 그 여윈 손에 빵과 돈을 쥐어주었다.

또 다른 누군가는 동정을 구했고, 누군가는 휴식을 원했다.

나는 그들에게 내가 가진 모든 것을 아낌없이 나누어주었다.

아! 그때, 달콤한 행복이 그 성스러운 모습을 드러냈다.

'나는 너의 것'이라 속삭이며.

벌리(Burleigh)의 이 아름다운 시는 행복의 비밀을 표현

한다. 개인적이고 일시적인 것들을 희생하면 개인을 초월해 영원한 차원으로 한 걸음 더 다가설 것이다. 모든 것을 자신의 사소한 이익에 종속시키고자 하는 편협하고 옹색한 자아를 포기하라. 그러면 보편적인 사랑의 본질과 하나가 되어 천사의 무리에 들어갈 것이다.

다른 사람의 슬픔에 공감하고 그들을 돕는 가운데 자신을 잊을 때, 성스러운 행복이 당신을 모든 슬픔과 고통에서 해방시킬 것이다. "먼저 선한 생각을 하고, 그다음 선한 말을 하고, 그러고 나서 선한 행동을 했기에 나는 천국에 들어갔다." 당신 또한 같은 과정을 거쳐 천국에 이를 수 있다. 천국은 저 멀리 있는 것이 아니라 바로 우리 곁에 있다. 천국은 이기심을 버릴 때 실현되며, 오직 마음이 정결한 사람만이 그 온전한 모습을 볼 수 있다.

이 무한한 행복을 아직 실현하지 못했다면, 이타적인 사랑의 숭고한 이상을 품고 그것을 열망함으로써 천국을 실현하기 시작할 수 있다. 열망과 기도는 신를 향한 욕망이다. 영원한 만족은 오직 그 안에서만 찾을 수 있다. 열망에 의해 욕망의 파괴적인 에너지는 모든 것에 충만한 거룩한 에너지로 변화한다. 열망하는 것은 욕망의 속박을 떨쳐내기 위한 노력이다. 열망하는 인간은 외로움과 고생 끝에 마침내 지혜를 깨닫고 아버지의 집으로 돌아오는 탕아다.

욕심의 고통에서 나눔의 기쁨으로

탐욕스러운 자아를 초월해 자신을 속박하는 사슬을 하나씩 깨뜨리면, 당신은 욕심의 고통에서 벗어나 나눔의 기쁨을 알게 될 것이다. 그것은 당신의 재산과 지적 능력, 마음속 사랑과 빛을 주는 행위다. 그때 당신은 진정으로 '주는 것이 받는 것보다 행복하다' 라는 말의 의미를 이해하게 된다. '주는 행위' 는 보상에 대한 생각이 없는, 자아의 더러움이 없는 마음에서 나온 것이어야 한다.

순수한 사랑의 선물은 늘 기쁨과 함께한다. 당신이 사

랑을 주었을 때 상대방이 감사하지 않거나, 아첨하지 않거나, 또는 당신의 이름이 신문에 나오지 않아서 기분이 상한다면, 당신이 베푼 것은 사랑이 아니라 허영심에서 나온 것이다. 그것은 진정으로 베푼 것이 아니라 단지 얻기 위해 제공한 것일 뿐이다.

다른 사람의 행복을 위해 마음을 다하고 자신을 잊는 것이 위대한 행복의 비결이다.

언제나 이기심이 발동하지 않도록 조심하라. 그리고 마음에서 우러나온 희생이라는 성스러운 교훈을 배워야 한다. 그러면 행복의 최정상에 올라 영원한 생명의 빛나는 옷을 입고 우주적 기쁨의 찬란한 빛 속에 머물 것이다.

그대는 영원한 행복을 찾고 있는가?
슬픈 날이 없는, 살아 있는 기쁨을 찾고 있는가?
사랑과 생명, 평화의 샘을 간절히 원하는가?
그렇다면 모든 어두운 욕망을 떠나보내고 이기적인 추구

를 멈춰라.

그대는 슬픔에 젖어 고통과 상처의 길에 유령처럼 서 있는가?

그대의 지친 발을 더욱 상처받게 하며 헤매고 있는가?

그대는 눈물과 슬픔이 없는 안식처를 갈구하는가?

그렇다면 이기적인 마음을 버리고 평화의 마음을 찾아야 한다.

번영의 길에 들어서다

진정한 번영은 성실과 믿음, 관대함과 사랑이 넘치는 마음을 가진 사람에게만 허락된다. 번영은 행복과 마찬가지로 물질적 소유가 아니라 정신적 실현이기 때문이다.

욕심이 많은 사람은 백만장자가 될 수 있을지는 몰라도 늘 비참하고 불행하다. 그는 자신보다 부유한 사람이 세계에 단 한 사람이라도 있으면 자신이 가난하다고 생각할 것이다. 그러나 물질적 소유가 많지 않더라도 정직하고 남에게 베푸는 사람은 완전하고 풍성한 번영을 실현한다. 만족하지 못하는 사람이 가난한 사람이다. 자신이 가진 것에 만족하는 사람이 부유한 사람이며, 자신이 가진 것을 아낌없이 베푸는 사람은 더욱 부유한 사람이다.

세상은 물질적으로 정신적으로 온갖 좋은 것들로 가득하다. 그에 비해 몇 푼의 금화나 몇 평의 땅을 소유하기 위해 맹목적으로 노력하는 사람의 이기심은 얼마나 어둡고 무지한지. 이기적인 삶은 자기 파멸의 길이다.

자연은 조건 없이 모든 것을 베풀지만 아무것도 잃지 않는다. 인간은 모든 것을 얻으려 하기 때문에 모든 것을 잃게 된다.

선한 마음의 자질을 도야하라

당신이 잘되면 당신 이외의 많은 사람들이 실패할 것이라는 고정관념을 버려라. '경쟁'이라는 단어가 정의를 우위에 둔 당신의 믿음을 흔들지 못하게 하라. 세상에는 불변의 법칙이 있다. 이 법칙은 정의로운 사람의 마음과 인생에서 경쟁의 법칙을 패배시킬 것이다. 이 법칙을 알기에 나는 인간 사회의 모든 부정에 대해 차분히 지켜볼 수 있다. 그들 앞에는 확실한 파멸이 기다리고 있음을 알기 때문이다.

모든 상황에서 당신이 옳다고 믿는 것을 행하고, 세상을 지탱하는 불변의 법칙과 우주에 내재하는 신성한 힘을 신뢰하라. 그 힘은 결코 당신을 저버리지 않을 것이며 언제나 당신을 보호할 것이다. 이런 믿음은 당신의 모든 손실을 이익으로 바꿀 것이며, 위협적인 모든 저주의 말을 축복으로 바꿀 것이다. 성실과 관용, 사랑을 결코 놓지 않으면 이것들이 힘과 결합되어 당신을 진정한 번영의 길로 안내할 것이다.

먼저 자기 자신에게 신경 쓰고, 그 후에 다른 사람을 배려해야 한다는 세상의 말을 믿지 마라. 그런 말은 자신의 편의만 생각하고 다른 사람을 전혀 배려하지 않는 말이다. 그렇게 사는 사람은 언제가 모두에게 버려질 날이 올 것이다. 아무도 그의 말에 귀 기울이지 않고 도와주는 사람도 없이 외로움과 분노로 떨며 홀로 울부짖을 것이다. 자신만 생각하는 사람은 모든 고귀하고 신성한 충동을 왜

곡하고 방해한다. 당신의 영혼을 확장해 사랑과 관대한 마음으로 다른 이들에게 다가가라. 커다란 기쁨이 당신과 함께할 것이고 모든 번영이 당신을 찾아올 것이다.

정의의 길에서 벗어나 방황하는 사람들은 경쟁으로 자기 자신을 보호한다. 그러나 언제나 정의를 추구하는 사람은 자기방어 문제로 고민할 필요가 없다. 실제로 성실과 믿음의 힘으로 모든 경쟁에서 벗어나 자신의 신조에서 한 치도 벗어나지 않고 꾸준히 번영의 길을 걸었던 사람들이 있다. 오히려 그들을 해치려 했던 자들이 패배해 떨어져나갔다.

선한 마음의 자질을 지니는 것은 악의 힘을 차단하는 갑옷을 입은 것과 같다. 그러한 마음의 자질을 도야하는 것은 흔들리지 않는 성공을 구축하는 것이며, 영원한 번영의 길로 들어서는 것이다.

죄와 슬픔, 눈물과 고통으로 더러워져 있다.
모든 회개의 기도와 울음으로
씻어도 다시 하얗게 되지 않는다.

내가 무지의 길을 걷고 있는 동안,
잘못의 얼룩은 지워지지 않는다.
번뇌는 자신의 비뚤어진 길을 나타내고
숨어 있는 고통과 실망이 따끔하게 찌른다.

지식과 지혜만이 정화의 효과가 있고
나의 옷을 청결하게 한다.
그 안에는 사랑의 물이 들어 있고
영원하고 고요한, 거짓 없는 평화가 있기 때문이다.

죄와 후회는 고통의 길이다.
지식과 지혜는 평화의 길이다.
실천이라는 방법으로 나는 찾을 수 있다.
행복이 어디서 시작되고, 고통과 슬픔이 어떻게 중단되는지,

이기심을 떠나면 진실은 이루어진다.

나누어지지 않는 불변의 그분이

내 안에서 거처를 정하고 정화한다.

보이지 않는 마음의 흰 가운을.